最美的
遇见

ZUIMEI DE
YUJIAN

于千万人之中，
　　遇见你要遇见的人。

郑蕙　著

暨南大学出版社
JINAN UNIVERSITY PRESS

中国·广州

图书在版编目（CIP）数据

最美的遇见/郑蕙著. —广州：暨南大学出版社，2015.12
ISBN 978 - 7 - 5668 - 1628 - 3

Ⅰ.①最… Ⅱ.①郑… Ⅲ.①教育工作—文集 Ⅳ.①G4 - 53

中国版本图书馆 CIP 数据核字（2015）第 219183 号

出版发行：暨南大学出版社

最美的遇见
著　　者：郑　蕙
出 版 人：徐义雄
策划编辑：李　艺
责任编辑：梁嘉韵
责任校对：黄志波

地　　址：中国广州暨南大学
电　　话：总编室（8620）85221601
　　　　　营销部（8620）85225284　85228291　85228292（邮购）
传　　真：（8620）85221583（办公室）　85223774（营销部）
邮　　编：510630
网　　址：http：//www.jnupress.com　http：//press.jnu.edu.cn
排　　版：广州市天河星辰文化发展部照排中心
印　　刷：佛山市浩文彩色印刷有限公司
开　　本：787mm×1092mm　1/16
印　　张：12.625
字　　数：233 千
版　　次：2015 年 12 月第 1 版
印　　次：2015 年 12 月第 1 次
定　　价：30.00 元

（暨大版图书如有印装质量问题，请与出版社总编室联系调换）

序

"遇见"与很多词同义，但若用一句典故："有缘千里来相会，无缘对面不相识"，便可区分它们的不同。

正如作者郑蕙女士之"蕙"，蕙若（香草名，指蕙兰和杜若）为多年生草本植物，叶丛生，狭长而尖，初夏开淡黄绿色花，气味很香，供观赏。

倘若是匆匆而过，就不会有人留意，这一株小草，它静静地长在原野，独自芬芳。

人生漫长而急促，工作成家之后，我们的生活便千篇一律地重复着单调与繁累。有人就此把日子过下去了，按部就班，原地踏步。有人却每一天都有"遇见"，仿佛天天都是不一样的流逝的岁月与人事。

作者从一个默默耕耘的小学教师到运筹帷幄的学校校长，再到潜心钻研教育教学的行家里手。在我们常常觉得连看书也仿佛没时间的5年时间里，她记录了近30万字的教育日志，此外还有六七个课题记录、研究报告和数十篇教育教学论文。

这里只是撷取了其中的20多万字，她遇见了孩子的纯真与善良，遇见了教师的温暖与精彩，遇见了家长的热情与才华，遇见了书籍的广阔与阅读的深邃，遇见了专业培训中的真知灼见与硕果累累。

这似水流年的频频相遇，这在有些人早已视而不见的万千琐事，因为作者夏草般的执着与绽放，历练成为最美的遇见，也成就了作者对生活与事业脚踏实地的孜孜追求。

这一个个看似平常而娓娓道来的最美的遇见，让小学教育盛开如一茎九花、芳香悠远的蕙兰。

如果您是一位老师，《最美的遇见》一定会给您一些启迪和鼓励；如果您是一位家长，《最美的遇见》也一定会给您更多的了解与感动。

"对于学困生，老师的耐心很重要，等待学生，就是给我们老师自己反思的时间。等待学生，就是给自己超越的机会。——学困生，教学质量提升的巨大资源。"

"一个一线的老师团队，经历的是怎样的日常工作与专业打造？"

"体验式、漫谈式、读书交流、分组讨论、专家面对面、反馈与提高等多维度、深层次的家长培训与家校沟通带来了怎样的量变与质变?"

"教育论著、古典文学、教育故事、管理学、心理学,你知道博览群书对于一个教育工作者、对于为人父母有多重要吗?"

"你喜欢职业学习吗?在应接不暇的论坛、培训、讲座中,必然有一些教师,走得很远很悠然;有一些校长,走得很宽很泰然;有一些专家,走得很深很豁然……"

在《最美的遇见》中,你会因作者"蕙心"的遇见,而发现不枉阅读此书。

周婷(天河区旭景小学校长)
2015 年 10 月 9 日

CONTENTS 目录

二　遇见可信的同伴

三　遇见可亲的家长

四　遇见可读的书籍

五　遇见可敬的师长

六 遇见沿途的风景

一 遇见可爱的孩子

　　上楼的途中，接连碰上了几个乖巧的小女孩，有三年级的也有四年级的。她们几乎都问一个同样的问题："校长，好久不见。您上哪了？"刚走进办公室，六年级的几个男孩子就跑进来围在我桌前："校长，很久没见您。听说您生病了，好点了吧？"二年三班的孩子们听闻我回来了，一拨一拨地跑上来，争先恐后地说："老师，我好想您！""我做梦都梦见您！""我做梦还梦见您给我们上数学课呢！"我陶醉在学生的思念中。那天很冷，但孩子们的温情持续地荡漾在我的心底。

　　人生中，最美的遇见，莫过于教育，莫过于一群群纯真、烂漫的孩童！他们带给我醇而美的享受！

小艾

　　小艾是五年三班的一个小女孩，温婉、乖巧，个子小巧玲珑，右侧脸颊藏着一个浅浅的酒窝，一笑便眯缝着眼，可爱的小模样显露无遗，犹如楼顶上蓬勃灿烂的红杜鹃。

　　三年级的时候开始教她们班的数学，这些八九岁的孩子如果真能做到心无旁骛那就不是孩子了，因此教师的课堂要根据儿童注意力特点来设计，做到动静结合，动手与动脑交替，独立思考与合作交流相结合，纸笔练习与口头回答相结合，如果每节课有一两个游戏，更能让孩子们乐此不疲，沉浸其中。

　　小艾呢，不知是出于对数学的高度热爱还是对老师的极度喜爱，还是从小养成的好习惯，抑或是天性如此，用聚精会神来形容她的专注绝不为过。她清澈如水的双眸须臾不离开你，对望她的眼睛，你会感受到鞭策、鼓舞、赞许；你传递的每一个信息，她都能捕捉到，摄入大脑，快速地作出回应。这样的孩子让你不可懈怠，不能马虎；这样的孩子，让你站在讲台上更加深切地体会到幸福感和成就感。

　　她的专注让她总是有机会比别的同学反应快半拍，在此起彼伏的小手中率先举起。大多数时候她逻辑清晰，声音响亮而自信。当发觉自己前后无法衔接，"因为，因为……"地讲不下去的时候，她会莞尔一笑，用探寻的目光望着我，一副略显羞涩的遗憾的模样，继而又在我温和的笑意中大方地坐下。

　　后来，我参加广州市卓越校长培训，一年时间都在外集中学习或是跟岗，自然不能再负责这个班的教学。

　　那天，我中午回学校，饭还端在手中，三个小女孩就你推我搡地进了我的办公室。我笑望着三朵清新的小花，她们问过好之后，还在互相推让"你讲""你讲""你讲"……"好吧，我来讲。"似乎是鼓足了勇气，小艾出列："校长，我们想唱一首歌给您听！"我怀疑自己听错了，不由提高了声调："什么！"这次，三个小女孩异口同声："校长，我们想唱一首歌给您听！"

　　一首《童年》充满了我的办公室，我的表情会是怎样呢？饭是无须再吃了，我静静地聆听孩子们的天籁之音，欣赏孩子们近乎陶醉的表情，幸福的涟漪在心

中一圈一圈地荡漾开去。孩子们的投入感染着我，让我不由自主地站起来，加入了演唱的行列，孩子们唱得更认真、更自如了……

又是一个中午，小艾跑来我的身边，说是来陪陪我，还问起我的属相，我坦然相告。谁知，过了两天，她送来了自己绘制后剪下来的一只卡通"雄鸡"，鸡身是红色的，双腿稳健，鸡冠挺立，显得雄赳赳、气昂昂的。心思细腻的小姑娘！后来，和李永珍副校长闲聊，听闻小艾送了一只"鼠"给她，我们哈哈大笑。

小艾自幼学习国画，她的国画已经有了一定的功底，她偶尔会把自己的习作送给我们。为了鼓励她的兴趣，我把她送给我的其中一幅画裱了起来，挂在我办公室最醒目的地方，每一个进办公室的人第一眼即可看到。我对她说："校长办公室没有名人的画，却有你的画，因为你的画比名人的画更有价值，更让我喜欢。"她喜滋滋地说："是吗？那谢谢校长的厚爱。"

某天家长会后，偶遇小艾妈妈，她见到我，似乎喜出望外，欣然拉住我，把我对小艾说的那番话复述了一遍，她告诉我，孩子很受鼓舞，当时那种自豪、幸福的感觉难以描摹。言谈间，真诚、感激之情溢于言表。

学校80周年校庆前，我让小艾收集平时的画作，将它们交给美术学科张赤芸老师，为她布置一个个人画展。那一天，小艾所在班级的文化墙和学校一楼长廊都可以看到小艾的国画，童稚的笔触，优美的意境，丰富的想象……让每一位驻足的观赏者点头称赞。

她送我的那幅画依然悬挂在办公室进门可见的屏风上；每天在走廊偶遇时，她总会轻轻地搂着我，亲昵地靠着我；中午时分，她偶尔会捧着饭，走进我的办公室，说一声："校长，我来陪陪你！"

幸福着你的幸福，快乐着你的快乐！身在学校，幸福就是一件极其简单的事情，可触可握，可圈可点，可闻可见。

2015 年 3 月 22 日

春游的收获

春游那天，我上了五年一班那辆车，坐在刘丰同学的旁边。

刘丰是一个可爱的、懂礼貌的孩子，也是一个活泼的孩子，我和他话语不断。

"刘丰，妈妈有没有给你准备好吃的？"

"有啊！"他不无自豪，并且打开了自己的饭盒。

"哇，两个大火腿，还有两块三明治！"

"这都是我妈妈做的。"

"你妈妈做的？"我吃惊地瞪着眼睛。

"嗯，我妈妈以前是做厨师的。"

"哦！难怪你妈妈那么能干，连三明治也会做。"

"其实很简单，我都会做！"他更加得意。

"真的？"

"只要买来火腿肉，煎好蛋，然后用面包把它们一层一层夹起来就可以了。"

我还是不解："那到哪去买三角形的面包呢？"

"买方包对角切一刀不就行了吗？"

我恍然大悟，心想，有机会试着给家人做一做。

周日早上一起床，我就从冰箱一件一件地拿出昨天准备好的材料，在厨房按照刘丰介绍的方法有条不紊地制作了起来。

孩子他爸看我一大早就在忙乎，看我面前摆得又是盘又是碗的，打趣道："能干婆，又要玩什么新花样！"我笑而不语。

我把自己的"作品"装入盘，欣赏了好一会儿，自以为很满意了，就用保鲜膜小心地裹得像面包店出售的那样，然后喜滋滋地跑到儿子房间，叫醒酣睡的儿子（此时已是7点55分）。我把"作品"往睡眼惺忪的儿子面前一放，说："猜猜是什么？""面包。""再猜。"他凑上前辨认了一番——"三明治"。我得意地告诉他："妈妈亲手做的！"

儿子径直走进洗漱间，仅仅用了平时三分之一的时间便洗漱完毕，坐在餐桌前。看着他狼吞虎咽的样子，我乐坏了！儿子很快就吃完了一份（相当于他平时的早餐分量），边吃第二份边说："不错，可以拿去卖了！"我回应他说："行，那你拿去卖。"他笑了。

能在假日为家人做一顿特别的早餐，看着孩子为自己的手艺而狼吞虎咽，成就感和幸福感油然而生！

感谢刘丰！感谢我生命中的每一个孩子，他们带给我的是整个世界。尽管他们在学科老师的眼中并不优秀。

和刘丰的相遇，让我想起了多元智能理论，想起了对一个孩子公正的评价。

2007年6月5日

我拿什么来影响你

——我和一个自闭症的孩子

某天下午，我在三年一班巡视时碰上班主任龙老师。她告诉我刚才李校长接到小 A 父亲的电话，称孩子这学期要参加学校的课后管理以及大课间活动。龙老师询问我的意见，我认为可以先尝试让他参加，如果对同学的学习、对他和他人的安全没有威胁就继续，反之则劝退。这样处理，如果到时真要劝退，学校和老师也有充足的理由，相信家长也能理解和接受。

小 A 这孩子自小就有自闭症，因为这个原因，他比同龄的孩子晚一年上学。记得他第一天参加新生培训时，死活不愿离开家长和同学们在一起，硬是大吵大闹，到处乱跑，直到老师把家长会上的父亲找来。

上学以后，他多次和同学发生碰撞，家长纷纷投诉。上课期间，小 A 要么跑出课室，要么自己在书上乱画。最让老师头疼的是，小 A 不时地大声叫喊，不时地跑上讲台乱动老师的投影，还在黑板上乱画，严重影响同学们的注意力。他和同学无法沟通，老师一叫他，他就跑，无法进行正常的交流。第一学期，学校组织秋游，只有他是一定需要家长陪同的。

刚开始，我也无法和他进行交流。他沉浸在自己的世界里，只是念叨着几个词。有一段时间，他见到我，不管我对他说什么，他都念叨着"灭火器""灭火器"；有一段时间，他见到我，不管我对他说什么，他又都念叨着"电风扇""电风扇"。即使他要说一段话，也是前言不搭后语，完全没有逻辑性。当我和他说话，询问一些问题的时候，他根本就不顺着我的意思"走下去"，而是延续他自己的思维。

我们总是想方设法、有意识地接近他，亲切地向他问候，跟他搭话。行政听课或公开课的时候，我坐在他旁边，轻声地和他闲谈，指导他读书、认字，表扬他，渐渐地减轻了他的敌意。为了更多地和他交流，让他融入真实的生活，我经常找机会去接触他。有几次，我故意抓住他的手，第一时间他非常抗拒。当我对他说"老师喜欢你，你要这样（甩开）我就不喜欢你了"时，他才放松。后来，我抚摸他的肩膀，他也没有特别的反应。孩子的心既奇特又微妙，能够感觉到别人对他是真情还是假意，他不再惧怕我了，反而喜欢我这位经常和他接触的校长。而我，对他则多了几分怜爱。很多时候，他在课间碰到我，都会主动地走上前来向我问好，或者跟我说很多话。有一段时间，他问："校长，你做老鼠好不好？"若是平时，我们一定会觉得这是一种侮辱。可是，对于他绝对没有这个意思。我微笑着回答："好啊！""那我就做小狗！要不，你做小狗，我做老鼠？"我依然微笑："好啊！"他接着往下说："你做什么颜色的小狗？"那天，我正好穿了一套浅红色的校服，就对他说："我做红色的小狗，你呢？"他迟疑了一会儿，我替他做主了："你就做白色的小老鼠吧，你的衣服是白色的，好不好？""好。"孩子是纯真的！

后来几天，他在操场碰到我，每次都问："校长，你是什么颜色的小狗？"在我还来不及回答的时候，他得意地说了："我知道，你是黑色的小狗！"那天，我穿的是黑色的衣服。

我上课的班级和他所在的班级在同一楼层，经常下课铃一响就看见他跑来站在我的课室门口。有时是静静地看我和我的学生，有时还在门口叫我："校长好！"我把手指放在唇边，做了个"嘘声"的动作，他懂了，又默默地看着。

他在我面前不仅是快乐的，还是友善的。有一段时间，他竟然主动地牵着我的手，歪着头问我："你去我家好不好？"我当然没有决然拒绝，我怎么能伤了一个孩子纯真的心？我只是笑笑："谢谢你，你爸爸会炒什么菜招待我呀？"他掰着手指，一一数了出来。过后他还念念不忘，碰到我就问："校长，你什么时候去我家？"我笑而不语，只是望着他。

也有我无可奈何的时候，那就是把他从远处叫到身边。有几次，我看到他在"快乐体育"玩耍，抓住单杠晃来晃去，我真为他担心。我走过去想叫住他，可是他看我走近，立马停止了晃荡，跳了下来，一溜烟就跑上楼，进了课室。有几次，我们在举行升旗仪式，他跑了出来，站在队伍前面，还做一些动作，我走近他，示意他回到队伍。他见我过来，转身就跑，当然不是跑回队伍，而是跑上楼，我只好作罢。

一年、两年，我看见他的进步，看见他逐渐走出了自我的封闭的世界，越来越愿意与人沟通，交往的"圈子"渐渐在扩大。我为他感到欣慰！我为他饱含热泪！

一年、两年，他对老师的教学、对学生的学习的确产生了较大的影响，他们班转学走的孩子在全校的班级中是最多的，我们都认为与他有关，事实也是如

此。但我没有一丝责怪他的意思。

一年、两年，正因为他不能很好地控制自己，所以在别的孩子能参加课后管理的时候，他也不能参加；在别的孩子能参加大课间活动的时候，他不能参加。当然这是家长同意的，也是我许可的。因为这并非正常上课时间，不存在剥夺教育权的问题。

如今，两年过去了，同学们对他的行为要么是见怪不怪，要么是视而不见，班里的同学没有人欺负他，没有人歧视他，他的生活是快乐的。我相信，他在身体长大的同时，心智也在改变。

教者父母心。我能做的，是为这个孩子配一个有耐心、有爱心、有母性的班主任。过去，由于教师编制、人事的调配以及班主任本身的精力和经验所限等因素，没能实现；现在，我终于如愿以偿，将他托付给了一位优秀的班主任，而且是他喜欢的班主任。因为他今天告诉我："我喜欢龙老师！"

已为人母的我理解家长的思虑，家长并非是想要将孩子甩给学校，而是希望孩子有更多时间与群体接触，有更多参与集体锻炼的机会，让孩子发展得更好。

"长路奉献给大地，江河奉献给海洋，我拿什么奉献给你，我的孩子？"

期待就是一种力量

斌是二年级时从民办学校转来的。

这个孩子考了两次插班试，没有一次达到学校的基本要求。但家长甚为执着，带着孩子三番五次到学校苦苦哀求、信誓旦旦。看着孩子伶牙俐齿、机灵大方，我和教导主任不免被打动，对孩子、对我们自己的教育影响充满着足够的自信。

谁曾想，一周时间下来，所有任课老师都因为他带来的麻烦而叫苦不迭。他几乎不懂如何听课，而且常常肆无忌惮、任意妄为。老师批评提醒，小小年纪的他竟然当面顶撞，一副跟他的年龄极不相称的表情。

每当全班朗读语文和英语的时候，身在五楼办公的我被他从二楼传来的近乎尖叫的、变调的声音震得耳朵难受极了。他还常常随意打断教师的讲课和同学的发言，如惊雷乍起："老师，我有问题！"

他有一个很大的特点就是坚决认错，绝不改正。"老师，我错了，我会改。"这是他常挂在嘴边的话。

那天，我巡堂经过，发现他们班温婉乖巧的婉婷两条长长的辫子变成了一头的短发，这个小女孩可是很为自己的辫子自豪的。我不由诧异，问她怎么舍得把辫子剪了，她的回答让我既惭愧又生气。原来斌同学经常扯她的辫子，妈妈知道后，索性让女儿把头发剪了。

更"可恶"的是，他经常挑衅别人，辱骂别人，甚至不知天高地厚，竟然敢跟六年级的同学"叫板"。据说他还经常用脚踢人，让认识他的同学"谈斌色变"。

那天，我在操场值日，四年级的一个男同学又向我投诉斌同学打人。正好斌同学从旁跑过，我顺势拉着他，周围同学一见顿时义愤填膺、纷纷声讨，斌同学毫无愧色，据理力争。这时一个五年级的同学挤过来，告诉我斌同学故意将锋同学（五年级，右脚残疾，行动不便）绊倒。不知是觉得理亏还是自知无法抵赖，他低下了头。我支开周围的同学，留下斌。

我拉起他的手，语重心长地对他说："为什么这么多同学都来指责你，向我投诉你？说你绊倒了锋，说你爱打人，而不说别人？"他依然低着头。"你这样做对吗？"他还是没有辩解。"你要得到别人的喜爱，成为一个受欢迎的人，你就要克制自己，把过去的缺点改掉，尤其是不能打人，否则大家都讨厌、憎恶你，这样你还会有朋友吗？"他点点头。

对于这样的孩子，我们只希望他的不良行为渐渐改正，不敢也不能一蹴而就，春风化雨或许会有一丝效果。临走前他还有礼貌地给我鞠躬："谢谢校长！"看着他的真诚，望着他的背影，我充满期待。

他的确在变化。那天上数学课，他很积极，我提出每一个问题后他都将右手举高，有时还站起来大喊"老师，老师"。我看了他一会儿，他领悟了我的示意，重新坐下来，把手竖在桌面上。我心里暗喜，让他回答。"我把 1 看成九分之九，9 个九分之一减去 2 个九分之一就是 7 个九分之一，等于九分之七，所以一减九分之二等于九分之七。"我大喜，对孩子们说："谁来评价斌同学的回答。""声音很响亮！""很清晰！"借此机会，我充分认可孩子们的评价，既让孩子们知道斌同学也有很多优点，又让斌同学体会到怎样的表现能得到老师和同学的尊重和肯定。

我从没有奢望他能在一夜之间判若两人。第二天的数学课，我正在板书，后面一个声音响了起来："小颖哭了！"我猜想一定与她后面的斌同学有关。果然，

小颖的同桌"勇敢"地告诉我是斌同学用笔敲打小颖。我的目光犀利地射向斌，他轻声地嘟哝："我是不小心的。""是吗？"他没有再吭声，或许把女同学弄哭了，他也感到愧疚吧。前面传来一个男孩子的声音："男孩子不应该欺负女同学，还应该保护女同学呢！"我停顿了一会儿，对斌同学说："你是男子汉吗？或许你是不小心，但是别人不喜欢你这种方式，而且小颖在专心地听课，你这样做，自己没有遵守纪律又影响别人，对吗？你应该怎样做？""对不起。"

课继续上，我留意到斌同学的投入，我又给了他一次发言的机会，他再次展示其思维的逻辑性和语言的流畅性。我照例对他进行表扬："你做得好，才能得到老师的表扬。同样的道理，你做错了，老师也应该批评你、教育你。"他点点头，笑着坐下。

下午第一节下课，他特意走到我身边，笑着对我说："今天，我妈妈会很高兴的！"我不解，笑着问道："为什么？"他绽开了笑脸。原来是因为我在他的作业本上写下了："这段时间你有进步，继续努力！"我明白了，继而问他："你高兴吗？""高兴！""我真的觉得你进步了，一是课堂上减少了大声叫喊的次数，二是作业也完成得好了，三是这两天没有人来告你的状。说明你也很希望做一个好孩子。今天是星期二，这个星期还有两天（周五是元旦），你能保持吗？"他很自信地回答："能！"我点点头，拍拍他的肩，让他感受到信任和鼓励。

第二天课间操，斌同学见我从他们班的队伍旁经过，不失时机向我报喜："昨天晚上妈妈很高兴！"

我不由想起了这样一句话：你期望他成为一个怎样的人，他就会成为一个怎样的人！

2009 年 10 月

三颗糖

那是暑假的最后一天，学生返校评选暑期优秀作业以及领取新书并做一些新学期的准备工作。

看着清寂了快两个月的校园因孩子们的出现而重现往日的热闹、生气，倾听着从操场、从课室传来的孩子们快乐的声音，一股热情、责任和爱在心底涌起。

我掩饰住内心的激动，逐一来到孩子们的中间，我走过每一间课室，欣赏着孩子们最真切的表情，不时还领受孩子们一声声的问候。

四年三班，是我情有独钟的一个班。这个班我从一年级开始教他们的数学，也是我 20 年教学生涯第一次教一年级。他们让我真真切切地感受到了低年级孩子的童真与聪慧，也感受到了初生牛犊不怕虎的胆略。他们给了我很多很多的乐趣，对这群孩子的印象，用"刻骨铭心"来形容亦不为过。

我不由伸出手，摸摸这个的头，拉拉那个的耳朵。

四年三班的云燕，是我情有独钟的一个孩子！她正瞪大眼睛看着我，是在羡慕我对同学的抚摸，还是在期待着我的亲近呢？

我走到她的座位旁，轻轻地摸摸她的头。她把小小的右手伸了出来，哇，手心里躺着三个长宽不到两厘米、厚度不到一厘米的东西，一个是粉红色的，一个是淡蓝色的，还有一个是浅绿色的。精致，可爱！她要给我欣赏她心爱的橡皮擦吗？因为现在孩子们的橡皮擦就是如此可爱。

正在我猜测的时候，云燕轻柔地告诉我："郑校长，送给您。我姐姐从英国回来了，这是她从英国带回来的糖。"

你能想象我的感受吗？看着小手心的三个得意的小东西，一种无以复加的感动如同电流般传遍了我身上的每一根神经。孩子，你是不是一直紧紧攥着这三颗糖，我一走进教室你就在紧张地准备，就在充满着期待。此时，你一定如释重负。

我从黏黏的小手中一颗一颗地把它们搬到了自己的手里。

现在，三颗糖依然躺在我办公室的办公桌上。我一扭头就可以看见它们，就像看见一个孩子纯真的眼睛，听见一个孩子柔柔的声音。

2009 年 9 月 12 日

特别的关注

小女孩一年级的时候，就听数学老师讲述她的故事：小时候先天不足，一上学更显出出和其他孩子的差异，反应总是慢一拍，理解力总是在别的小朋友之后，而且生性懦弱，胆小怕事，说话时声音是微弱的，眼神是羞怯的。上学不久，我们又被告知，孩子从阁楼的楼梯往下爬的时候不慎摔下，头部受了创伤，无疑是雪上加霜。

从此，我便看见她几乎天天中午在数学老师处，有时数学老师拿着她的错题来我办公室，让我分析这孩子独特的错误。更多的时候，我们束手无策，只能凭空臆想。即使让孩子表述，她也说不出个所以然。

二年级的时候，我遇上了她。或许是基于她背后的故事，课堂上她的专注和投入让我深深感动。她看着我，如此清澈、专注的眼神，让我心生爱怜。是的，我喜欢这个宁静的女孩！不仅如此，我要让她感受到我对她的关爱。更为重要的是，我的言语和行动要向她传递这样的信息：她不是另类，她和其他同学一样，她也可以学会。

我几乎没有让她上我的办公室进行辅导，这对她、对我都没有约束。

我没有特别地批评她，事实上，她除了反应慢、理解能力弱之外，我找不到她的缺点。每当我要给她讲解问题时，总是轻言细语、不无温柔、极尽呵护，让她保持一种没有压力和负担的心理，让她感受到错误是正常的，避免错误的方法就是不再犯同样的错误，即使犯了同样的错误，老师也是会原谅的。

我也没有特别地表扬她，让她认为她是与众不同的。表扬她的时候，我总是先表扬一些本来各方面就很优秀的孩子，或者让她的名字夹在优秀的孩子的中间。我要逐渐改变她的自我效能，同时也要改变她在其他同学心中的形象。

课堂巡视的时候，每当我走过她的身旁，都会轻轻地拍拍她的头；课间碰到她，我会轻轻地捏一捏她的脸，以示喜爱。而她，就会咧开她的小嘴，粲然一笑。下课的时候，我把她和另外的孩子叫到身边，让他们一起背口诀。

我在观察她的变化，她正如我期望的那样，活泼了，自信了。知识方面，她的 100 以内的加减法和乘法口诀掌握得很好。依然较弱的是解决问题，但已经有进步了。今天我们复印了去年同期的试卷，她得了 86 分。我把她和另外一个 84 分的孩子一起叫过来辅导时，她竟然在对方耳边津津有味地讲开了她做对了而对方做错的题，代替了我的位置，而且条理清晰。我惊喜不已，乐滋滋地当起了听众，心里有一种欢欣鼓舞的冲动。我想，这是原来的她，还是我影响的她，或者我根本就不了解她。

老师，我想来补课

　　"老师，我想来补课！"

　　我正细嚼慢咽地品味着午餐，一个稚嫩的声音让我不由朝门口望去。出乎我的意料，当然，并非我不认识小男孩，而是小男孩的这一请求让我意外。曾经，这个叫辉辉的小男孩是我办公室的常客，不过每次叫他来的时候，他几乎都是一副没精打采的样子，噘起嘴嘟哝着："又要补课。"一脸的不满表露无遗，看到他的样子，我没有不悦，而直想笑。

　　由于思维能力、学习行为、学习方式等因素的影响，学生的学习效率存在差异，每次上完课后总是有几个孩子不得要领，掌握不了计算方法、解决问题的方法，或者对计算和解决问题的方法过日即忘。孩子们的问题困扰着我，于是每天午饭后的半小时，都有几个孩子来到我的办公室，为的是及时巩固课堂上的知识或为他们查缺补漏。

　　这个学期的"两位数乘法"和"一位数除多位数"让几个孩子陷入了困境，当然也让我陷入了困境，我无法也不能漠视，如果孩子们没有掌握这两个内容，今后的学习就如缘木求鱼。

　　几个孩子中，有的是每次不可或缺的，有的是偶尔来之。辉辉算不上不可或缺也绝不是偶尔来之，应该说是经常受邀者之一。他的智商并不低，甚至称得上有点小聪明，他喜欢画画，喜欢下象棋，喜欢拆装玩具。但是，他有个缺点——注意力难以集中。上课的时候，眼神常常飘忽不定，或者变着花样玩笔盒、玩笔，以至于每节数学课前，我都只留给他一支笔，笔盒和其余的东西都由我保管，放在讲台的柜子里，下课后再还给他。这个学期，他带来了一个漂亮的双层巴士的笔盒，还装有四个轮子，他极为喜爱，常常在课桌上推来推去，吸引着全班同学的眼球。

　　前几天，他因为遭遇"两位数乘两位数"的麻烦，已经开过"小灶"了。前面说过，他的智商并不低，只要掌握了方法即可迎刃而解，所以，接连几天我就没有"召唤"他。没想到，往日噘嘴不满的他竟然如此主动，也就不得不让我惊讶了。

看着他有点羞怯的样子，我不由问道："为什么？你不是已经会了吗？""我不太熟，因为我要教会我妈妈。"他慢条斯理地对我说。

"哦——"我拖长声音，继而反问："你要当妈妈的老师？"他点点头。

接下来的时间，我出了两道"两位数乘两位数"的题给他，他安静地坐下来，埋头就算，很是投入。我站在他身后，在他需要帮助的时候，及时地提醒。看来，方法是掌握了，但是口诀不熟练，有时碰到进位忘记加上进位的数。

看着他长长地舒了一口气，我笑着夸奖他："不错呀，差不多都对了。"他羞涩地笑了起来。我接着说："不过，要当妈妈的老师，还必须检验，你如果能完全靠自己，那才有资格。"我在他的练习本上又写了两道题，一会儿，他就做完了，我检查之后，每道题下面都打上了红红的大钩，并附上了大大的"100"。我注意到，在我检查的时候，他简直是屏住呼吸，紧张地盯着我的笔尖，当我把本子递给他时，他的眼睛似乎发亮了，欣喜地叫了起来："哇，100 分！"

目送着他的背影，我想，其实每个孩子内心都有积极向上的需求和力量。

"老师，我想来补课。"不是听到这个孩子的一次请求，也不止一个孩子这样请求。

2015 年 5 月 1 日

老师的信任

临近期末，两个孩子一如既往地在每天午饭后主动地来到我办公室，他俩都是数学学科需要特殊帮助的孩子。

孩子单纯、善良，虽然数学思维差强人意，但是从没有放弃过努力，甚至对老师为他开小灶辅导显得乐此不疲。除了让我颇为尴尬的分数，他们的优点也是可圈可点的，常常得到我的赞美，譬如他们对人有礼貌、乐于助人、真诚待人、能及时完成作业、团结友爱等。真的，除了上课难以专注，学习落后，我还没有发现他们的缺点。

在我和他们的共同努力下，在我们不抛弃、不放弃的坚持下，他们一点一点地进步着，漏洞也在一点一点地被填补着，我们都为彼此的收获而高兴！

在我的一再夸奖下，经常可以看到他们略显羞怯的笑容。"哦，原来我也是会进步的。""我也是会经常被老师表扬的。""我感觉到了老师的信任。"

那天，班主任龙老师告诉我，其中一个孩子森在作文中写道："我是一个受到郑老师信任的人。"可惜错别字太多。尽管这样，我还是很感动，谁说孩子简单，其实教师有意或无意的一句话都可能在孩子的心底激起波澜，影响着孩子的情感和行为。

是呀，学习的能力是有差异的，我们不能渴望每个孩子长大后都成为科学巨匠，成为闻名遐迩的大家，世界还需要厨师、清洁工、保安。作为桃李满天下的老师，培养科学家、培养富翁值得我们骄傲，培养一名优秀的外来工、一名城市的环卫工人同样也是我们的骄傲……只要有一份责任心，只要肯付出劳动，总是会受到尊重的，总会有属于自己的收获。

老师，您还没有给我礼物呢

今天，我走进我任教的二年三班，隔着窗，看着孩子们三五成群地围在一起、头挨着头在下军棋，他们姿势各异，有坐着的，有站着的，有跪在凳子上小屁股晃来晃去的，我心里无端地泛起一阵怜爱，不由对旁边的同事说："低年级的孩子就是这么可爱！"

我走进课室，小班长嘉韵喜滋滋地迎上来，告诉我："郑校长，今天是周小晴的生日。"我突然想起几天前小晴曾经告诉过我，说过两天就是她的生日，原来这么快就到了。我看着嘉韵，微笑地回应她："那你有没有祝她生日快乐？""嗯，我还送了她生日礼物呢！"我简单地说了声"是吧"就径直走向讲台，做好上课的准备。

上课期间，正好周小晴完美地回答了一个问题。在同学们将掌声送给她的时候，我高兴地对孩子们说："今天是小晴的生日，我们祝她生日快乐！"于是，掌声和祝福声响成一片。

下课后，我正收拾着教具准备离开的时候，身后传来了一个甜美的声音："老师！"我一看，是小晴，那个总是扎着两条活泼的马尾辫，辫子上夹着两个发夹的女孩，那个还没有学完乘法口诀就能将乘法口诀倒背如流的女孩，那个在课堂上总是专心致志地积极展示的女孩，那个总是在全班其他同学之前完成课堂作业的女孩——可爱的、聪明的女孩。这样的女孩谁不喜欢？

"小晴，有什么事吗？"她盯着我看，终于开口了："老师，您还没有给我礼物呢？"我猝不及防，一时愣住了。是呀，人家不是两天前就告诉你了吗？怎么没有动静？"为什么要给你礼物？""我的生日礼物呀，张老师已经给了。"张老师是班主任。

这是什么逻辑？我蹲下来，轻抚着她的肩。"老师不是对你说过祝你生日快乐吗？这就是最好的礼物和祝福。"我来不及组织语言，又说："别人送你礼物是人家的心意，但是我们不能向别人要礼物。老师生日的时候，向你要过礼物吗？"她摇摇头。"这就是了。老师没有准备礼物并不表示老师不爱你。明白吗？"她点点头。

回到办公室，我仍在想这件事，我确定我对她的教育是没有错的——不能向别人索要礼物！可是，她为什么会认为我该送她生日礼物呢？我突然想到，尽管她的做法不对，但是我可能没有完全读懂小女孩的心思。

孩子都把自己的生日看得很重，生日就是节日！节日就要庆贺。除了这些开心的庆祝活动，还能收到爸爸、妈妈或其他喜欢自己的长辈的礼物。所以，只有孩子才敢斗胆"要"礼物，只有撒娇的妻子才"责令"丈夫在一些特殊的日子必须有所表示。这样，就容易理解小晴了，小女孩是把老师都看成自己喜欢的人，也是喜欢自己的人，因此她就特别在乎老师的礼物，也理所当然地认为老师应该送自己礼物，但是我却让她失望得空手而归。想到这些，我觉得自己辜负了小女孩。但是，我没有错，我对她的教育是对的。这也是成长的历程吧，从另一个方面而言，失望也是一种礼物。将来她终究要明白，别人没有义务给你礼物，人与人之间是平等的。

但是，优秀、可爱的小晴，你一定能得到我给你的奖品——你受之无愧的奖品，在你并没有期望的时候，你或许会有一个意外的惊喜。

那个不愿上学的孩子

今天是一个学期的最后一天，孩子们陆陆续续地离开学校。看着一张张阳光灿烂、稚气可爱的笑脸，我心陶醉。

一年级的孩子排着队走来了，每个孩子都叫着："校长，再见。""校长再见！"人群中，一个小男孩朝我挥了挥手，他的笑容格外甜美。他叫小朗，一年前是个不愿上学的孩子。

开学初，他每天都要"闹"，不愿离开送他的爸爸或者妈妈。有一天，我和他谈了一节课，答应联系妈妈下午过来接，他情绪好了，回到班里也很开心，直到放学。

放学后，我将他带到办公室，和他一起等妈妈，他一副开心的样子，朗读我给他的故事书，为我表扬他认识的字多而兴高采烈的。妈妈没有在约定的时间过来，但是打来电话："路上塞车，要晚些时间到。"

当我问他"要不要批评妈妈"时，他说："不要吧。亚运了，路上很多车，塞车嘛！"好小子，还会"袒护"家长呢！我暗笑。

他的爸爸妈妈一起来了，我们交谈了一会儿，他很懂事地承诺明天会听话，乖乖上学。

第二天回学校后，我放下东西就在大门口等候。他和妈妈终于在升旗后出现了，他还是那副"梨花带雨"惨兮兮的样子。

"妈妈，我会想你。我会哭的。"

"妈妈，你送我进去好不好。"

"妈妈，你送我上楼。"

"妈妈，你送我到课室门口。"

……

当我抓起他的手臂时，他泪眼婆娑地哀求道：

"校长，你不要抓住我的手，好不好？"

"校长，你先走开好不好？"

看着他满含期望和泪水的眼睛，带着对他的一点信任，我只能离开。在四楼拐角处我观察了好几分钟，他一直都是扯着妈妈的衣角。看来，前一天的承诺失效了。

几天后，课间操时我发现他仍在保安室的门口坐着，就佯装急匆匆地跑过去，不由分说地、强行地将他抱走，我有意让他感觉到我在生气。瘦弱的他挣扎也无济于事，我倒是以为他会拳打脚踢，但是，他没有，只是竭力地想挣脱。在走往教室的一路上，他一边哭一边叫着："校长，校长……"我心里可怜他，但是依旧装着很生气的样子，一言不发，毫不妥协。

快到楼梯口时，他又说："校长，不要抱我了，我很难受。""你难受？难受为什么不自己上楼？"我看也不看他，让他知道我没有丝毫要放下他的意思。

到了教室门口，我也不急着放他下来。班主任苏老师看到我们过来，让全班的学生向我问好，接着又向小朗问好。

我把他放下了，似乎放下了一个重重的包袱，终于可以长长地喘口气。我担心他会往外冲，事实证明我的担心是多余的，不过他还是抽抽搭搭的，一脸愁云、一脸委屈。有个小朋友过来拉起他的手，亲密地对他说："小朗，不要哭了。"苏老师也趁热打铁："你看，大家都这么喜欢你，校长还把你抱上来。"小朗的哭声渐渐地止住了。

上课铃响了，同学帮他做好课前准备，拿出了数学书。我顺势让他坐下，他顺从了。

这节数学课，我依旧留在他的课室里，关注他，正好也亲身感受刚入学的孩子上数学课的状况。他似乎换了一个人，与刚才哭哭啼啼的孩子判若两人：认真地倾听，主动地参与小组的交流，积极举手争取发言的机会。课堂练习的时候，他还高兴地宣告："数学王子做完了！"自豪感自然而然地流露在他的脸上。当然，了解和关爱他的老师也顺势而上："请数学王子来给大家分享。"只见他喜滋滋地抱着自己的作业本，轻捷地走上讲台，在黑板上一笔一画地写下了答案，在大家羡慕的目光中自豪地回到座位……

放学时分，我下楼正好看着他们班排着整齐的队伍从走廊下来，孩子们看见我纷纷热情道别。而我则在搜索那张可爱的、架着一副小眼镜的脸。哦，看见了，他几乎排在队伍的最后面。他的脸上没有我想象的愁云，而是和其他小朋友一样洋溢着幸福、快乐，显示出天真、无邪！

后来，一天早读时我忽然又想起了他，经过传达室时一问，得知他只哭了一会儿就自己上楼进课室了。

孩子对母亲的依恋是一种本能的需求！孩子对环境的适应也是天性所致，尽管需要时间。

嘚，下一节还是数学课

"嘚，下一节还是数学课！"

看着孩子们欢呼雀跃、奔走相告的喜悦，我的内心流淌出一股甜丝丝的清泉。作为老师，此生足矣！幸福就是这样简单。

作为一名校长，我选择上课当然是因为学校编制紧缺，但更深层、更令人难以割舍的原因是课堂曾经带给我的激动和快乐；现在、将来带给我的激动和快乐更是其他任何工作场所无法企及的。

虽然每天也和孩子们接触，迎来送往间感受孩子们彬彬有礼和可爱活泼，就像蹲在花丛中肆意地欣赏花开的姿态、聆听花开的声音；虽然经常随心所欲地走进孩子们的课堂，感受孩子们的思维灵光闪烁和天籁般的童音。但是，无论如何，我都只是旁观者。

我要做课堂的导演，我要和学生共同登台。这是我毕业参加工作后最初的感受，现在依然如是。

灵动是我的课堂追求。灵动的前提当然是对课堂的精心预设，是对教学方式的精心选择与运用，更是对课堂了无痕迹的驾驭。灵动的课堂有老师的循循善诱，也有学生的抓耳挠腮；灵动的课堂有亲切的对话、率真的笑声，也有瞬间的静寂、片刻的喧嚣；灵动的课堂有"柳暗花明又一村"的惊喜，也有"踏破铁鞋无觅处"的困惑。灵动的课堂看似信手拈来，随心所欲，却是经验的积累。背后民主的师生观，是对孩子生命的尊重，也是教师对自身生命的享受。有时候，看似随意的"闲聊"，一个个新奇的想法、新颖的点子，就在学生的心中逐渐产生，就从学生的嘴里脱口而出。

兴趣是我的课堂追求。要让学生感兴趣，当然要贴近学生的生活实际，让他自然地感受到"生活处处有数学"；要让学生感兴趣，当然要接近学生的最近发展区，让他自然地感受到不知不觉拾级而上、本领大增；要让学生感兴趣，当然要激发学生参与的欲望，让他体会到探究成果的愉快情绪。而我尤为得意的是，我一开始就紧紧地抓住学生，不论是感兴趣的生活情境、富于挑战性的问题，还是琐碎的闲聊，都让孩子们在最短时间进入我和他们共同的时光。这段时光应该是轻松的、欢快的，这段时光应该是开放的、公平的，这段时光应该是忙碌的、收获的。享受教育、体验成功、守望成长贯穿在教育的每一刻！枯燥的课堂学生自然厌倦，严厉的面孔学生必定怵然，课堂若是生动又快乐的，学生焉有不欢喜？

发展是我的课堂追求。当然是每一个学生的发展，基于学生原有知识的发展。对于大班教学，我的教学起点首先考虑的是最后三分之一的学生。每一个新的知识点都要为他们搭建必要的脚手架，唤醒新知学习所需要的旧知，让每一位学生都能顺利建构新知，达到最基本的要求——"人人学必需的数学"。同时也要关注优秀学生的发展——不同的人学习不同的数学，让他们感受到数学学习的挑战性，否则他们总是轻易地"摘到桃子"，桃子就失去了价值，不再诱人，学习动机就不能持久。因此，要为他们设计障碍，要守着自己的"嘴"，直达"不愤不启，不悱不发"的境地。这时老师的点拨将是一触即发，优秀的学生豁然开朗，他们的脸上写满欣喜和收获，甚至情不自禁地振臂高呼："哦，我明白了。"于是，"我也明白了""我也明白了"此起彼伏。我欣赏他们酣畅淋漓地放纵自己情绪的百般模样，之后我掌声一响，他们会意地回过神，看到我叫停的手势，刚才的喧闹便戛然而止，脸上的笑容却依然荡漾，而我也缓缓地从甜美的回味中走出！

还有，我常常提醒自己注意是否留下了关注发展的盲区。每个班都有几个这样的孩子，他们总是静静地坐在那儿，从来都不主动地表态，他们一不小心就会被我忽略。对于他们，关注的微笑不可少，俯身的指导不可少，柔声的询问不可少，展示的机会不可少，适时的赞许不可少……每个孩子都有发展的权利。

课堂是师生生命的一部分，每一部分未必都能做到精彩纷呈、尽善尽美，但是热情、率真、生命的激荡，这些不都是值得享受和回味的吗？

"嘚，下一节还是数学课！"

教了他就不会觉得他可爱了

那天路遇六年级的一个男孩，一个充满阳光的男孩。见他的班主任老师走过来，我当着男孩的面对班主任说："梁××挺可爱的！"没想到班主任老师说："教了他就不会觉得他可爱了。"男孩的脸上立刻写满尴尬。

这个男孩眉清目秀，明眸透着机灵。照老师的说法，我没有教过他，即没有上过他们班的课，但我和他是有交情的。某天课间，我见他在走廊奔跑，制止过他；某天中午，全校写字时间巡视到他们班的时候，我见他的姿势很端正，字写得工整漂亮，表扬过他；还有他对人有礼貌，每次碰到老师立即送上一个标准的队礼，问声"老师好"，我心里赞许过他。

记得有一次，有一位值日的老师告诉我，六年一班一个姓梁的孩子骑自行车回学校了，他简单描述了一下孩子的外貌，我立即就想到了他。碰巧，我在走廊上看见他了。我亲切地招呼他过来，一问，果然是他。他说自己已经满十二岁了，可以在公路上骑自行车。我肯定了他："是的，交通法是规定年满十二岁的儿童可以骑自行车上公路。"我停顿的时候，他用充满疑惑的眼睛看着我。"但是，我还是建议你不要在上学、放学的时候骑。知道为什么这么说吗？"他的眼睛一直是注视着我的，我也一直是盯着他的眼睛的："我知道你住在哪里，因为好几次我坐车回学校的时候都看见你走路上学，这也就说明你家并不远。还有，那条路上下班高峰期车特别多，公路上并没有规范的自行车道，再加上你个子小，应对特殊情况的能力弱，很不安全的。"他点了点头，抿着嘴。"很喜欢骑自行车，是吗？"他点点头。"那我建议你：第一，你可以在小区里骑；第二，实在是想上公路，你可以在周日的早上骑出来试试，因为你附近出来的那条路周日早上车辆稀少；第三，一定要在自行车道上骑，没有自行车道的地方就在人行道上推行一段；第四，要征得家长同意，最好有家长陪同，周末到郊外或珠江边的绿道上潇洒一回。总之，安全第一！"男孩懂事地点了点头。我问他："知道为什么要跟你说这些吗？""为了我的安全！"我笑着点点头，拍了拍他的肩膀："走吧！"他真诚地说："谢谢校长！"然后鞠了一躬。后来，没有听说他再骑自行车回校。

这样的孩子难道称不上可爱？难道我体会到的可爱不是任教老师的那种可爱？教他发现不了他的可爱，不教他反倒发现他的可爱。这是怎样的逻辑呀？记得有一次，我对一位数学老师同样评价另一个男孩子："×××真可爱！"那位老师的回答很有技巧，当着孩子的面也是慈爱地笑着，侧着身，轻抚着孩子的头："是呀，是很可爱。对不对呀？"孩子不好意思地笑了，我便明白了老师的弦外之音。果然，后来这位老师说不教他就觉得他可爱。教了他呢……

以上两个孩子对于科任教师而言，应该都不是优秀生。首先，考试的分数一定不高。其次，他们身上肯定有很多让老师头疼不已的"劣迹"。例如不认真完成作业，总要让老师费尽心思跟踪；上课坐不住。再不然，就是经常给班集体"抹黑"，让流动红旗与班集体擦肩而过……诚然，孩子身上都有着林林总总的

"不是"。难道因此他就缺失了被评价为"可爱"的权利？这又是怎样的评价观呢？看来，课程改革带来的学生学业评价变革并没有真正触动"教育理念"的改变，没有撼动教师的育人观。对一个学生的评价应该是多元的，应该是发展的，评价应该成为一种激励的手段，一种给孩子带来自信、促其奋进的手段。老师看重学生的成绩（分数），这没有错，但是可不可以创造一个机会，抓住一个关键事件，找到一个燃点，让原本智力不低的"可爱的孩子"产生顿悟，对学习尽责、尽力。其实，那位老师完全可以抓住这个"被校长表扬的机会"，对孩子因势利导，而不应该在校长面前否定他。

每个个体都是有差异的，每一届学生都是各具性格特点的。有品学兼优的学生，也有学有所成的学生，我们犹如百花园里的园丁，开不开花全靠园丁的智慧：水量是否掌控得恰到好处，浇水的时间是否合适，是否需要修剪？有的花花季长一些，有的花一年四季绽放，有的花是红色的，有的是黄色的，花瓣也各不相同，香味也各异……唯有如此，相得益彰，相互衬托，才造就了斑斓、绮丽的世界。

平和地走进儿童的心灵世界，我们会发现每一个学生都有他的可爱之处、可爱之时。那就借助他的可爱让他变得更可爱，这样我们就不会发出"教了他就不会觉得他可爱了"的感慨！

2012 年 4 月 19 日

男孩子就是男孩子

那天下午，五年级的一位班主任老师无奈地笑着对我说："那些男孩子呀！每次评比都落后于女孩子。上次是这样，这次又是这样。"她是极爱学生的，语气中并没有抱怨，只隐隐透出恨铁不成钢的遗憾。

我也笑着对她说："这就对了。如果反过来，男孩子比女孩子优秀，比女孩子听话、乖巧，那倒真是不正常了，这才是你要担心的！"

学校一位老师的孩子，初来乍到的时候中规中矩。二年级时我教他数学，刚开始的时候，他正襟危坐，俨然一副聚精会神的样子。我心想："老师的孩子就是不一样!"过了几个星期,他的天性就暴露出来了,坐在最后面的他不甘寂寞,不时和同学叽叽喳喳。而作业呢,时不时把只字未写的练习册夹在同学的作业中交上来。唉,这小子和我玩捉迷藏呢!不过,他的聪明和可爱着实让我喜欢。

有一天,他班上那个几乎是最小个子的男同学气喘吁吁地从二楼跑上五楼:"老师,王××(就是上面那位)踢了林××一脚。"我怀疑自己听错了,反问道:"你说什么?""王××踢了林××一脚。"我心里"窃喜":"打盹的老虎醒了。"林××是从民办学校转来的,可以说是满身陋习,每天闯祸,让原本平静的班级掀起轩然大波,同学们都敢怒不敢言。这下可好,想不到平时看起来敦厚的王××竟然敢于反击,不畏林××的嚣张气焰。事后两位同学都被老师批评教育。从此,王××让我刮目相看。

在小学,因为女教师多,因为安全第一的宗旨,学校老师都喜欢听话的、从不惹事的孩子。这样的孩子,一部分非女孩子莫属,另一部分就是个性安静、生性胆小的男孩子。而另一部分男孩子……

所以,在过道上追逐的总是男孩子,水龙头坏的总是男厕所,扫地时用扫把打闹的总是男孩子,父母被请到学校的总是男孩子,上课时玩手机的总是男孩子,因为没有佩戴红领巾而扣分的总是男孩子……

当然,集会时帮老师摆桌椅的是男孩子,升旗时帮学校叠塑料椅的是男孩子,抬饭盒的也是男孩子……当男孩子和女孩子发生矛盾的时候,我们教育男孩子要谦让、要大度;当女孩子需要帮助的时候,我们教育男孩子要有绅士风度;当学校组织春游的时候,我们教育男孩子要保护女孩子……

男孩子不拘小节,男孩子跳起来敬礼问好,男孩子下楼时隔着好几个台阶就往下跳,男孩子一下课就往操场跑,男孩子做操的时候总有多余的动作,男孩子总是在午休时帮老师搬来折叠床……

男孩子着实让人"烦",男孩子一样惹人爱。这个世界因差异而精彩,男孩子和女孩子都是美丽的风景线,我们的责任是欣赏、守望,是因材施教、因人而异,不需要把评价女孩子的标准用来评价男孩子。

男孩子就是男孩子!关注更多的男孩子,保卫更多的男孩子,培养更多的男子汉!

2012 年 4 月 17 日

和孩子们一起去调查

我带着四年三班十几个孩子，开始一项调查活动。

我们把地点选在海珠区过广州大桥的一个路口，兴奋的孩子们叽叽喳喳地走下校车，走到了人行道上。可是，他们挤成一团，面对过往的行人抬起头看了一眼复又低头，一个也不敢上前。

我鼓励他们一番，他们看看我，似乎在拿主意，在坚定自己的勇气吧。我只有等待。

梁伟是敢于吃螃蟹的第一人，他似乎是豁出去了，迈出了第一步。虽然只有十几秒的时间，虽然我远远地看着别人对他的拒绝，但还是暗暗地为他的勇气而欣喜。

榜样的力量是无穷的，谁怕谁？有了梁伟的冲锋在前，孩子们陆陆续续地进入角色。面对孩子们的问题，有的行人驻足停下或简单或耐心地回答，有的却是一脸的漠然，连连摆手、摇头，有的说自己在赶时间上班……芷姗自我安慰："他们都是上班一族。"

面对孩子们的挫折，看着孩子们的失落，我除了鼓励还是鼓励："别人没有接受也没有关系，但还是要有礼貌地向他致谢。我们不要气馁，会有机会的。"

机会真的是眷顾有准备和有恒心的人。孩子们开始应接不暇，有的是单独行动，有的两三人一组，看着他们面对被访者的认真劲头和拿着本子在访谈表上记录的投入状态，我只有连连拍照。

有一对中年夫妇走过来，浩冰沉稳地走上前，敬了一个队礼，微笑地对他们说："叔叔、阿姨，我想请问你们一个问题：你们知道亚运吉祥物的名称和含义吗？"

女士回答了第一个问题，第二个问题或许她想将机会留给她的先生，或许她并不知晓。她看了看她的先生，先生笑了，她很有默契，和善地对浩冰说："我们不知道，你能给我们宣传一下吗？"我心里为平时略显羞涩的浩冰捏了一把汗，紧张地看着他。我们的浩冰还真争气："绿色代表白云，蓝色代表珠江，黑色代表广州厚重的历史……"我松了口气，看到那对夫妇一边称谢一边对孩子竖起大拇指，我不由为孩子的表现感到自豪。

一位老奶奶也欣然地接受孩子们的采访。当我问及孩子们的表现时，她连连点头："如果是大人我就不搭理了，我看他们是小孩子才接受（访谈），因为他们很棒！"

接受典凯采访的年轻女孩非常有耐心，起初典凯是站着记录的，由于时间较长，笔记本太薄，典凯只能蹲下用膝盖头垫着书写，女孩也不怕麻烦，弯着腰协助他完成访谈。我拍下了这精彩的一幕。

看着孩子们时而如小鸟般飞来飞去，寻找一个个访谈的目标，时而流利地询问和解答，时而认真地记录，我想孩子们的潜能和空间是无限的，孩子的能力在实践中能得到更多的发展，作为教育者（学校、家庭）要为他们创造更多的机会。

最后孩子们"围攻"了一位交通协管员。他总是笑眯眯地回答一个又一个问题。我在旁边提醒着孩子们要抓住对方的身份特征，了解更多："叔叔是一位交通协管员，他对交通秩序的遵守和文明出行一定非常清楚，同学们可以向他了解这方面的情况。"孩子们又争先恐后地说开了，让我们的协管员应接不暇，但依然是笑眯眯的，非常有耐心！

在意犹未尽时，我把孩子们"赶上了车"。回到车上，孩子们纷纷总结、交流自己的感受：其一，开始不敢，后来更加大胆和自信；其二，有些问题自己应该先弄清楚，否则，当别人反问你的时候就会出现"我也不知道"的尴尬；其三，当别人不热情时，不要在意，人家都是有原因的。或者是忙，或者真是不知道，别人也有胆怯的时候啊。只要自己热情、有礼貌，终究是可以完成任务、达成目标的。

听着孩子们无比欣喜地用最真实、最朴实的语言道出自己的收获，我在想：如果下一次……

小故事

故事一：老师，我能讲个故事吗

这是一个文静的女孩，也是一个羞怯的女孩，很温顺，温顺得让我在上课的

时候几乎忘记了她的存在。她极少主动举手发言，就算发言也总是考验我的耐心，因为她的声音连同桌都难以听清，而我不仅不能因此而放弃等待，反而要给予更多的鼓励。

因为学习成绩较为落后，她和几个小伙伴常常会被我请进办公室"补课"。有一天，她进来后给了我一张纸，我一时不解，她说："郑校长，这是我写给您的信。"我低头展开，纸上写着："郑校长，您很温柔，您给我们补课也不骂我们。请放心，我一定会好好学习的。"刹那间，我不禁思考，是我真的很"温柔"，还是孩子希望我"温柔"？看来，我必须保持我的"温柔"，保持我的和颜悦色。

一天，她对我说："校长，等会儿上数学课我想讲一个故事给同学们听。"我没想到这个羞怯的小女孩内心深处是那么自信、那么渴望展示自己，我欣赏她的勇气。在伙伴们的掌声中，她静静地走上讲台。说实在的，她的声音太小，近在咫尺的我屏息凝视也无法完全明白，更不用说下面的同学了，有的孩子皱起了眉头，嗓门也大了："老师，听不清楚她说什么！"我笑着对她说："声音响亮一点，可以吗？"她点点头，可是分贝并未提高。

故事讲完了，她恭恭敬敬地鞠了一个躬，说了声："谢谢大家！"虽然同学们颇有微词，但是我对孩子们说："无论如何，她有勇气站在这里，我们都应该给她掌声。"孩子们发自内心地鼓起掌来。

那天早晨，我刚上楼，就见小女孩站在我办公室门前。我想她会对我说什么呢？见我向她微笑，她兴冲冲地迎上来，依然是低声细语："老师，让我爸爸来做志愿者好吗？"我说："当然可以，让你爸爸和熊老师（班主任）联系就可以了。谢谢你和你爸爸。"她笑了。望着她一蹦一跳的背影，欣慰之情油然而生。

不久前，她又找到我："老师，今天的数学课让我讲个故事给大家听。"这次，我对她提出了要求："如果你的声音可以让全班同学都听到，我就答应你。"她点点头。可是，那天我正好要外出，只能允诺第二天数学课前让她讲。第二天，应该是担心我忘记吧，她在教室外面等着我呢。这次，我把她领到了讲台上，隆重地把她"推"了出去。我和她的小伙伴们都充满期待……故事讲完了，一阵热烈的掌声响了起来。她，文静、羞怯的小女孩，沉静地、流利地用每一个同学都能听到的声音讲完了她的故事。

这应该就是小女孩的梦想吧！可以想见，梦想的背后是对怯弱的克服，是不断的练习。相信每个孩子都能行，让每一个孩子都相信自己能行！

故事二：这是我的零花钱

12月31日是学校80周年庆祝日，为了迎接这一天的到来，学校做足了宣传，多次在周一国旗下讲话时动员同学们用"美德、美心、美行"呈上一份给母校的礼物。

周二下午是教师会议，在通往会议室的过道上，一个乖巧的女孩笑盈盈地迎上前来，她递给我一幅画，在我还来不及赞美的时候，她说："校长，好看吗？这是我送给学校80周年的礼物。"我摸了摸她的牛角辫，低头称赞，并让她先保管好，过几天交给班主任熊老师。

这时她又拿出了一个信封，让我收下。"校长，这里面是100元钱，是我的零花钱，我送给学校80周年生日。"看着小女孩明亮的双眸里近乎祈求的眼神，我动情地说了声："谢谢你！"我拍拍她的肩，俯身对她说："晶晶，你真是个懂事的孩子！你放好它，学校需要的时候再通知你。"

我不知道小女孩是否会以为我在拒绝她，但她带给我的是最温暖的感动。

故事三：请保护环境

四楼的洗手间由五年一班打扫，五年一班的几个孩子便像领到了一份珍贵无比的礼物那样欣喜万分，几乎要把整个中午都完全地献出来，有的同学洒水，有的同学扫地，有的同学抹墙和门。

最让我感动的是安莹和嘉欣，从周一到周五，轻捷的身影一直在洗手间忙碌着。

这一天，她们来到我的办公室，向我借双面胶。我用询问的目光看着她们，她们倒是善解人意，安莹说："有的门板后面擦不干净，我们想贴一些我们自己画的画上去。"

我把双面胶递给她们。午休前，我到洗手间去，门板的后面果然贴上了一幅画作，有花儿，有小草，有溪流白云……上面还用彩笔写着孩子特有的变形美术字，文字的内容是："保护我们的环境哦，喵喵。"我会心一笑，多可爱、多用心的孩子。

推开一扇扇门，每一扇门的后面几乎都是一样大小的纸张，但是图案和文字却略有变化。

这就是孩子的快乐，这就是我们的孩子！

故事四：校长，我们来唱歌给您听

可以自豪地说，但凡我所教班级的孩子都是喜爱我的，因为我喜爱他们中的每一个。每当外出学习回来，孩子们见到我一定要将我抱住，团团围住，直到我

逐一抚摸到他们才肯离去。

有的自认为表现不好的孩子，只能远远地看着，带着羡慕的神情，似乎想靠近却又缺乏靠近的勇气。我往往会朝他招招手，他就温顺地低着头，缓缓地移动脚步，融入包围圈，享受着被老师宠爱的待遇。是啊，有哪一个孩子会拒绝老师的爱呢？老师又怎能不公平地爱每一个孩子呢？

也有调皮的孩子，他并不靠近我，而是在我的办公室门口转来转去，有时还探进一个头，等我掉头回望的时候，他吱溜一下转身就跑了。如此反复，有趣得很。

周小艾、卢锦霞、户高优希是我一年前教的学生，参加卓越校长培训一年后回到学校，她们已经上四年级了。那天中午，我正吃着饭，三个小姑娘神神秘秘地走进了我的办公室。在我还没有反应过来的时候，她们齐刷刷地向我鞠了一躬，应该是排练好的吧，她们异口同声地说："校长，我们为您唱一首歌，好不好！"

我内心的欣喜、激动无以复加，我不能拒绝，我无法拒绝。此时，我已经记不得她们唱了什么，但是她们摇头晃脑、动情陶醉的模样已然深深镌刻在我的心底，每当想起这一幕，一股暖流倏然涌向我全身的每一个细胞。

校园里，美妙而动人的故事俯拾皆是。"生活中不是没有美，而是缺少发现美的眼睛"，校园何尝不是如此！

祝福的海洋　感恩的世界

——写在第三十个教师节

"同学们，在我们的校园里，有两个节日是最为隆重、最为热闹的，你们知道是什么吗？"我的话音刚落，孩子们的声音此起彼伏："儿童节！""教师节！"

"是的，孩子们。你们的回答完全正确。一个是你们的节日，一个是你们最最亲爱的老师的节日。可是今天，教师节，我感觉到比庆祝你们自己的节日更热闹。每一个同学的脸上都绽放着最甜的笑容，这是世界上最美的笑容；每一位同学都说几乎同样的话语，那就是：'老师，节日快乐！'这是世界上最动听的声音——这是你们发自心底的感恩的声音。我代表所有的老师谢谢你们。"

　　我有备而来，一件一件地呈现孩子们送给我的礼物，有自制的贺卡和鲜花、自己写的书法作品、自制的纸花、自己的绘画……我高高地举起这些礼物，当我抖开一幅书法作品时，底下的孩子——当然是作者所在的班级齐声叫出了作品主人的名字，看来这小家伙早已是声名鹊起。

　　我举起了手中的纸花，孩子们似乎有些不以为然，我甚至闻到了鄙夷的味道。有的同学脱口而出："假花。"我微微一笑："是的，它是假花。但是，我非常喜欢这件礼物。它和刚才的书法作品、自制的贺卡一样，都是同学用自己的真心、真情来制作的，同样充满了感恩的味道。"

　　"其实，送给老师礼物的方式很多、很多。一条短信、一句当面的祝福、一次漂亮的作业、一个拥抱……都是很好的礼物。现在请让我们转过身去，让我们对老师说一声节日快乐，让我们一起向辛勤地教导我们、关心和爱护我们的老师鞠一躬。"

　　看着孩子们即刻转身，恭恭敬敬地弯下腰，发自肺腑地喊出："老师：祝您节日快乐！"我的心变得软软的。

　　今天，不知有多少孩子进过我的办公室，不知有多少同学送来鲜花，有些是我任教班级的孩子，有的我根本叫不上名字。三年三班的家委会成员还代表全班同学的家长捧来一大束鲜花，三年二班的两位家长三年来一直坚持在这一天送来硕大的鲜花。我的办公室茶几上摆满了节日的礼物，除了铺满的鲜花，还有苹果、香梨、贺卡、巧克力……

　　我想每一位老师也不例外，看看微信群吧，每一位老师都在晒"战果"：鲜花是主要的，还有自制的心意卡，写给老师的一封信……分明晒的是为师者的幸福感！

　　当然，幸福感更来自那些毕业了的孩子。已经上了初中的同学来了一拨又一拨，他们顶着35度的烈日高温，进到校园热汗淋漓，但是他们一看到老师那种似乎是久别重逢的惊喜让人尤其感动，尤其欣喜。

　　还有一个孩子，应该是高一了，他和两个姐姐都是学校的毕业生，姐姐们已经上大学了。如果不是他自报家门，他曾经的班主任老师都认不出来。以前瘦瘦弱弱、不吭不响的小屁孩如今已然落落大方，说话间，他突然要求我："校长，请您等等。"还没等我回过神来，他离开我两步，笔直地站在我面前，对我说："我要给您鞠个躬！"接着就是鞠了一个90度的躬。我感动得无以复加！为什么？是因为我过去给他留下的好印象？可是我并没有上过他的课。是因为谈话间我对他的信任与鼓励？

回到家，wifi 自动连上了，一条一条的信息冒了出来，有的来自曾经的和现在的家长，有的来自过去的学生，也有来自亲戚朋友的……每一条都满载着美好的祝愿！

这一天，我是快乐的！这一天，我被幸福环绕！

2014 年 9 月 10 日

享受无处不在

身处校园，尽管不免被孩子的嘈杂声搅乱心绪，不免有焦躁的时候。但是，平心而论，快乐的日子更是数不胜数。学生就是那快乐的源泉。数不胜数的快乐就是从他们中间流淌出来的。

每天站在校门口，看着学生鱼贯而入，频频地向我问好，甚至敬队礼的时候右臂上还晃着一个饭盒袋，尽管我要指出他们敬礼的动作不规范，心里却发出了"扑哧"的笑声——为孩子们下意识的、自然纯真的行为。

看见笑容可掬的或是憨态可人的学生，禁不住要摸摸他们的头。摸了一个下一个也得摸，孩子们可在乎呢，都希望校长能分一些关爱给自己。当我意识到这一点的时候，我就不能再厚此薄彼，否则一抬眼就可以看到羡慕或惋惜的目光。

进到班里，眼尖的孩子简直就扑过来了："郑老师好！"

下课后，海斌走到我面前，拿着一个橘子，非要送给我，还叮嘱我："你剥开的时候要小心，很多水分的。"我感激他的盛情。后来，他还拿来了一颗葡萄、一粒花生。当我握着它们的时候，我感觉到沉甸甸的，这不是葡萄，也不是花生，分明是一颗纯真、善良、注满爱的心！

昨天，顾曼小朋友拿来了四个橘子，说是送给我的。我说："你和同学分享吧！"她仰起头，眼珠一转："要不就做奖品吧！等会儿谁先做完就奖励一个给他。"哦，这个小精灵，真是活学活用呢！昨天，我约了五个同学到我办公室辅导，出了一些数学题给他们做，凡做对的就奖励一块蓝罐曲奇饼干（当然最后是皆大欢喜）。今天，她也用上这招了！

橘子就这样一个一个奖励出去了。最后还剩下一个，可是两位同学都做完了，且看她是怎样做到"公正"的。"橘子可以掰开，一人一半！"最后怎么着，剥开是9瓣，于是她把剩下的一瓣留给了我。孩子带给我们多少乐趣呀！

有一天中午，两个五年级的女孩找来了："校长，我想去看话剧表演。"我十分不解："那你们就跟老师说吧。""老师说，前十名交卷的同学才能去，一个班只有十个名额。"这下，我明白了，她们十分想去看话剧，可是又欠缺了一些条件。怎么办？

我沉吟片刻，想着这两个孩子为了达成自己的心愿可以鼓起勇气来找校长，这种不甘于放弃，自主寻找解决问题的方法的思想是值得肯定的。于是，我说："你们看看有没有多余的座位，然后再说服老师。"俩小姑娘立刻绽放笑脸："谢谢校长！"转身而去。

五年三班有个可爱的小铁蛋，经常到数学老师李永珍副校长办公室补课。一天，看到小铁蛋在里面，我特意去询问他的情况，李副校长善于"借力"："你看，郑校长这么关心你！"他乐呵呵地说："是呀，比妈妈还关心。我就叫你郑妈妈吧。"立马就来了一个："郑妈妈好！""好，加油！"

那天在校园里巡视，走进了小铁蛋所在的五年三班，坐在进门第一排的小铁蛋一见我就站起身来："郑校长好！"我还没反应过来呢，他倒立刻纠正了："不对不对，是郑妈妈好！"

置身校园，听着童稚的言语、欣赏童稚的身影就是一种快乐、一种享受；在孩子中间，总是能触摸到许多许多妙不可言的趣事，总是能感受到幸福的气息氤氲在我的身旁。

2015 年 1 月 14 日

让每一个生命美丽而灵动

校园是灵动的校园，校园是因为每一个孩子的鲜活的生命才变得灵动，焕发出勃勃生机。

"让每一个孩子都有展示的机会，让每一个孩子都有成功的体验。"这是学校一以贯之的活动宗旨，也是我们的教育宗旨。3—4月份的书香节、5—6月份的艺术节和6—7月份的体育节就是在这样的指导思想下逐渐铺开的。

　　从方案的制订到活动的实施，直至活动的结束，老师们显示出为了孩子"舍我其谁"的气概。匆匆忙碌的身影、一路抛洒的汗水、深思熟虑的智慧昭示着奉献和爱的结晶。从活动开始到活动结束，家长们倾情付出，毫不吝啬，有的亲自上场表演，有的参与评价，有的制作道具，他们的脸上写着自豪和担当。孩子们呢，自然是最幸福的，他们感受到了亲子阅读的快乐，感受到了翰墨书香的妙趣，感受到了欣赏和被欣赏都是一种美的享受。

　　书香节，开学伊始就拉开序幕，直至世界读书日结束。当然，书香节结束了，但阅读是永远不会结束的，书香节只是又一轮读书高潮掀起的标志。两个月的时间，我们开展了书香班级的评比，通过评比充实班级书柜并完善班级书柜的管理，推动班级阅读文化，让同学们进一步养成阅读习惯。两个月里，我们开展了亲子阅读活动，倡导每天半小时的亲子阅读，让家长和孩子在亲子阅读过程中感受阅读的快乐和浓浓的亲情，促进亲子关系，每个班评选了十篇亲子阅读征文作品和十个"书香家庭"。两个月里，我们的老师以身作则，把寒假的读书笔记进行分享，十位"书香教师"逐个登台，将读书笔记制作成精美的PPT，同行们屏息凝视，深受鼓舞。成果展示是少不了的：一篇篇充满稚气却流淌欣慰的读后感，一张张精心制作的手抄报，还有那国旗下神采飞扬的经典诵读，充盈的班级书柜和家庭书柜，富有创意、精美的书签设计，深情款款的亲子感言……

　　书香自然少不了"翰墨"，每个孩子都可以在这个舞台大显身手，他们展示了自己最好的作品，低年级孩子的铅笔书写，中、高年级的钢笔或签字笔，还有两个年级的软笔书法。4月23日下午，由全校学生、教师、家长、社区书法爱好者等组成的"百人书法展"在学校前操场摆开阵势，泼墨挥毫，蔚为壮观！

　　艺术节是同学们欣然向往的节日，乐于展示自己是孩子们的天性。正是基于"让每一个孩子都有展示的机会，让每一个孩子都有成功的体验"的指导思想，每个班都有一场艺术盛宴，愿意表现的孩子都能在舞台上找到自己的一席位置，展示自己的才艺，给同学们带来欢声笑语。每个年级都有自己的舞台，班级中脱颖而出的节目可以在这个舞台上再次展示。年级中的优秀节目将有机会选拔进入校园最高层次的舞台，在全校展示。曾经，学校还根据艺术类别进行展示，比如语言艺术类、器乐类、歌舞类等。今年，应老师和孩子们的要求，学校在全校范围开展了"美行之声"演唱大赛，所有的曲目都是孩子们选择的，所有的动作都是孩子们自编的，所有的团队都是孩子们自由组合的，所有的音乐都是孩子们自己录制的，所有的服装和道具都是孩子们自己准备的……我和老师、家长一样，都是观众！我们这些观众为孩子们洒脱自信的表演，为孩子们背后的能力和团队意识，为孩子们的智慧和创意深深地折服。真的了不起！阿基米德说："给我一个支点，我可以撬起整个地球！"孩子却告诉我们："给我一个舞台，我可以让你刮目相看、见证奇迹"！当然，最为精彩的是"六一"那天的闭幕式，应该说那是精华的展示，是智慧的汇聚，一个个、一群群小明星自信大方、活泼灵动，作为观众的我们还有家长给予的是一阵阵热烈而激动的掌声，孩子们带给我们的除了惊喜还是惊喜！

当然，舞台毕竟有限，我们不可能让所有的孩子都在同一时间展示。孩子们会沮丧吗？为了减少孩子们的失落，学校把一些节目安排在每周一次的升旗仪式后，弥补"六一"表演的遗憾；有的孩子会认识到自己和别的同学的差距，心悦诚服，学会欣赏他人。学校的任何活动都是教育，只要我们善于抓住契机，事情总是向着好的方向发展的。二年级的一个女孩酷爱舞蹈，在班里和年级都表演过，最后却没有选上她。她很失望，甚至对妈妈说："我再也不跳舞了。"妈妈把孩子的情况告诉了我，希望能为自己的女儿争取一个机会。经过和班主任沟通，班主任和孩子的妈妈取得了联系，原来孩子班上的几个舞蹈节目的确要比女孩的节目精彩。班主任将情况跟孩子的妈妈如实相告，并和妈妈一起打开小女孩的心结，在这个过程中，孩子依然受到鼓舞，同时也学会了公平，学会了如何做一个善于欣赏他人、为他人鼓掌的人。

体育节是一个沸腾的节日。看着各个班的队伍举着各种极具创意的班牌，用各自的创意花样，喊出创意而励志的口号经过主席台前，我们的心沸腾了。开幕式上，各个班围在足球场四周，看着足球健儿们横空厮杀、势不可挡，同学们的热情沸腾了。比赛的过程中，各个比赛场地传来此起彼伏的啦啦队的呐喊声、加油声，整个操场都沸腾了。最激动人心的莫过于拔河比赛，这里既是力量的较量，也是智慧的较量，更是团队精神的较量。

孩子们率真的笑容是最美的，孩子们活泼的身影是最美的。孩子们生来就是美的、灵动的，而我们就要发现他们的美，遵循他们的美，让他们展示更多的美，拥有更鲜活、更自然、更灵动的美。

教育是一种享受，教育是一种守望，教育是让更多的人获得精神的愉悦和成功的体验。

2014 年 8 月 2 日

幸福是个什么东西

幸福是什么？这是我们惯常听到的询问。可是，红底白字的封面上明明白白写的是：幸福是个什么东西。

幸福是个什么东西！我读出了调侃。

幸福是个什么东西？我读出了不屑。

幸福是个什么东西……我读出了思考。

这本书的书名就是《幸福是个什么东西》，书名是不需要标点符号的，但这明明是个问句，让你不得不怀着新奇的心去探寻一番，作者所谓的幸福到底是什么？

幸福真的就是唾手可得，只要你愿意，你每天都可以被幸福包围。

幸福是什么？

幸福是感受腹中胎儿的律动。

幸福是亲吻着孩子的脸！

幸福是课堂上孩子们给你带来出其不意的惊喜。

幸福是你和几位知己的觥筹交错。

幸福是 KTV 包房嘶叫的嗓音。

幸福是周末你精心准备了一顿丰盛的午餐，然后是儿子的风卷残云之势。

……

真的，如果你有一个好的心态，你永远都会沉浸在幸福之中，幸福对于你来说，从来都像是沙滩上的小贝壳，俯拾皆是。

我的幸福是什么？

那一天，一年级的海榕对我说："郑老师，您打丝巾很漂亮，比校长还漂亮！"那一天，我充满了幸福感。

那一天，二年级的涛涛指着我脖子上的丝巾问："郑老师，这是什么？""丝巾呀！""郑老师，您不觉得热吗？"我差点笑晕。我觉得很幸福！

那一天，在门口碰上胖嘟嘟的素有"小博士"之称的靖宇。我把他拉到一边，悄悄地问道："靖宇，我今天给你们上一节数学课好吗？""不好！"我的心陡地一沉，怎么也想不明白，过去不是天天闹着要我再给他们班上一节数学课吗？现在竟然……我诧异地问道："为什么？"他的回答让我一辈子都感动，是我永远的幸福。他看着我的眼睛，真诚而又坦然："因为您太忙了！"

那一天，掐指算来距今已有十三年之久。六年级的孩子即将离开母校，在散学典礼后，班长把我们几位（语数英）老师都请到了教室。班长进行了激情洋溢的讲话，然后她一声令下，从座位上不同的方向跑出了三位同学，每一个同学手上都恭敬地举着一张纸。三位同学站在我们三位老师的面前，班长走过来从三位同学手中分别接过一张张纸，然后恭敬地捧在我们面前。我们接过了这一张"纸"——没想到这不是普通的一张纸，上面赫然写着"奖状"，是学生用水彩笔写的，精心制作！下面的一段文字是："敬爱的郑老师，感谢您对我们的教导！您永远是我们最敬佩的老师！对您的贡献，谨发此状，予以感谢！"落款为"六年三班"。用心良苦！从小到大，接受过的奖状不可胜数，可是，从没有接受过由自己的学生颁发的"奖状"。幸福荡漾在我们的心扉，并永远珍藏于我们的心底！

父母、丈夫、儿子、同事、朋友、学生……都是给你带来幸福的人；生活、事业、阅读、旅游、拉拉杂杂的家庭琐事，都可找到你的幸福；过去、现在、将来，时针的转动中，都承载着你的幸福。

看过很多积极心态方面的书，看过很多励志的书。但是这本书却告诉我们幸福就在我们身边，不是没有幸福，而是缺少感受幸福的心！幸福与否，在于你是向左走，还是向右走。

正如作者所言：幸福很简单，难的是怎样简单地找到幸福。如果你总是跟在幸福后面跑，它又怎能找到你呢？

身处校园，随时都可以和幸福相遇！

 # 遇见可信的同伴

　　我曾经对老师们说："百年修得同船渡，千年修得共枕眠。我们就是那修了百年才遇见的缘。学校就如一艘船，大家齐心协力，才能乘风破浪，勇往直前。"因而，我们彼此欣赏，我们彼此珍惜，我们彼此感动，我们彼此鼓励、成就、祝福！我们共同回味快乐的时光，我们一起分担难解的忧愁。"遇上你是我的缘！"喜欢这首歌，更喜欢这句歌词。

享受·守望·体验

——教师文集《享受·守望·体验》序

望着面前一沓厚厚的书稿，我第一时间是欣喜万分。浸润着老师们辛劳与汗水、爱心与智慧的成果终于可以收获了，而且枝繁叶茂、硕果累累。我一页又一页地翻动着，一遍又一遍地感叹着，一次又一次地感动着。随之而来，我又惶惶然，我不知该用怎样的语言与文字，才能较为全面地、真实地道尽对我校可爱可敬的老师们在教书育人的百忙中从事教研工作的辛勤耕耘，让他们的教研结晶中所流淌的大爱与大智获得读者的赞赏。

现在大家看到的这本书，共分为两部分：第一部分是读书笔记，是学校推崇教师阅读、打造美行教师的产物，也是老师们享受阅读、提升自己人生境界的成果；第二部分是教育随笔，描述了在课改的背景下，老师们面对错综复杂的教育现象和个性各异的学生时自身教育理念的转变，以自己的实际行动体现以尊重、责任、和谐为核心的价值观，实践"享受教育，守望成长，体验成功"的教育理想。

老师们的读书笔记，有阅读教育理论后对教学行为如何改变的思考，如孙文莲老师对《英语教学策略论》的认识，还有徐婷女主任对《小学数学病理学》的分析和体会，更有李永珍副校长对《学习论》的研读与实践。

老师们的读书笔记，充溢着阅读古今中外名家名作时的敬佩之情和仿而效之后的有益启示。如读《56号教室的奇迹》，读李镇西老师的《心灵写诗》，读李希贵老师的《学生第二》，当然少不了苏霍姆林斯基的《给教师的建议》……所有这些，都给了我们极大的教益。

老师们的读书笔记，有的来自对人生哲理的感悟，如《人间讲善和美，世事求包容》《应对融化的冰山》《小花也醉人》；有的是对文化与历史的思索，如《文化苦旅》《苏东坡传》；有的则是来自品读儿童书籍《窗边的小豆豆》《疯狂学校》之后的快乐和反思。

身处教坛的老师们，读书笔记中也不乏高屋建瓴之作。例如通过阅读去审视

和拷问一些亟待改变的教育顽疾以及对真实教育的呐喊，如周燕萍主任的《正本清源话教育》，便是阅读了《中国教育反思》后发自肺腑的声音；温仲腾老师因为孩子中考，感同身受，作为母亲的她对此颇为关注，于是就有了读《中考语文，小菜儿一碟》的感悟。

而作为教育随笔，老师们根植于教育事业，根植于责任与爱，记述着自己的所思、所行、所言、所感，并从中阐释着对教育理想的执着，对人生的豁达，对生活的畅想，更有对学生的大爱和"众人拾柴火焰高"的境界。

陈楚阳老师的《所有的实物都因而生长》《削苹果的孩子》，让我们看到了一个心思细腻、善于抓住学生闪光点的老师，给了学生极大的自信和希望，让他们从自卑和慵懒中走出来，重拾开朗、活泼的个性，展示灿烂的笑容。

温仲腾老师的《如何让学生的"插嘴"现象转变为活跃课堂的催化剂》和唐佳冰老师的《教育孩子要控制好情绪》都能从教育教学过程中那些司空见惯的现象中发现规律，转变思路，因势利导，从而变不利因素为教育资源。

凤翠芳老师的《春风化雨润心田》、《理解、宽容、体谅是转变学生行为习惯的金钥匙》、陈秋珍老师的《赏识让他不断进步》和邱秋燕老师的《双面胶事件》，无不体现老师们善于保护学生自尊心、善于信任学生的博大胸怀以及润物无声的教育艺术。

简媛施老师的《班主任手记》更以真挚生动的笔墨，再现了为人师者善于拨动孩子心弦，善于学以致用，用叙事教育的方式给孩子如沐春风的感觉，让孩子体会到自身潜能发挥到极致的快乐，达到优化个性、"百花竞放"的效果。

这样的老师遍布各个学科。例如在班级管理中享有"图书架的魅力"美誉的张赤芸老师，在美术课的教学中，也善于激发学生的创造力，其教育随笔字字珠玑；还有吴再兰、龙丽婵、陈翠扬老师，将自身在教书育人过程中关注细节并借此培养学生良好的行为习惯的实践与经验和大家无私分享；还有……

这样的例子无法一一道尽！虽然，其中的作品不是那么完美，其中的思想或许存有争议，但是不容置疑的是，其中包含着真诚坦荡的爱心、恒心、慧心，它们就像山间的小野花，虽然并不娇艳，却开放得芬芳，散发着清香，在蓝天白云之下，在青山黑石之间，点缀着大自然，也点缀着孩子们的心灵，点缀着中国的教坛……

朋友，当您读毕全书，你会感到捧在手上的，不再是简单的教研文集，而是一颗颗真诚跳荡的爱心，一个个平和温馨的笑靥；您打开的，也不再是一行行静止的文字，而是一幅幅流转的画面，一扇扇真诚坦然的心扉。陶行知先生所言"捧着一颗心来，不带半根草去"，即如是也！

是为序。

给自己机会　让自己收获

光阴似箭，日月如梭。眨眼之间搬到新校园已经 14 周了，一切都历历在目，一切都忙碌而有序。老师们、同学们逐渐适应了新的环境，学校走向了良性的运作。虽然有些东西距离我们的理想依旧遥远，但是我们做了我们该做的，我们尽力了！

在没有电话的日子里，在没有网络和电脑的日子里，我们的信息没有封闭，我们的工作仍在继续，我们的课堂依旧追求高效，我们的老师依旧酷爱学习。除了认真地钻研教材、备好每一节课，除了课堂上的循循善诱和课后的悉心辅导，老师还要被很多的资料纠缠。尽管如此，我们没有给自己理由，让自己停住学习和进取的步伐；相反，我们的热情由于校园的变化，由于地域的改变，更加迸发。

开学以来，我们除了校内的教学研讨，还积极参加了以下活动：我们聆听了特殊教育的专场报告，我们感受了王松舟老师的教育境界，我们目睹了魏书生的大师风采，我们亲近了特级教师游彩云，我们走近了须发斑白、精神矍铄的贾志敏老师……我们还积极参与，与棠下小学的教师同课异构，异彩纷呈。

起初有些老师还显得勉为其难，似有屈从之感，但是从报告厅出来的每一张脸都笑逐颜开，阳光灿烂。尤其是贾老师在广州的一天半时间，语文课组几乎倾巢而出，毅然决然地调好课，"狠心"地暂时放下手中的工作，整天都跟随在贾老师身旁，担心一走神关键词就会从耳边飘走。

老师们记录了自己的学习体会，及时上传到学校的博客中与大家分享。我看到了老师们的收获，看到了老师们的勤勉，看到了老师们的思考，当然也看到了老师们的困惑。我感受到每一位语文教师的文字都文采飞扬，而数学老师却平实而理性。

我所认为的学习，不外乎三种形式。第一种是自学，主要是向书本学。第二种是互学，主要是向同行、同伴学。譬如我们将隐性的知识外化，我们走进同伴的课堂，我们的科组研讨，都是一种知识和信息的相互交流。第三种是向专家

学，譬如走进特级教师的课堂，聆听一场报告。学习是多元的，学习内容也是多姿多彩的，而学习的目的也应该是一样的，不外乎增强我们的文化底蕴，让我们变得更有底气、更大气、更雅气、更有才气和灵气，然后增加我们思考的广度和深度，并且以思考带来智慧，改变我们的行动。

"你可以不喜欢学生，但是你不可以不尊重学生。"——韩倩云、凤翠芳、陈楚阳

"语文课教什么？为谁教？怎么教？其中，怎样的老师叫好老师？教出来的学生好就是好老师。"——梁海玲

"我不是用她的方法套用在我的课中，我是用她的方法迁移到自己的教学中。"——邱秋燕

看了老师们的笔记，我也仿佛置身于一个偌大的报告厅，耳旁不时传来对生命、对教育饱含敬畏的、声如洪钟的、抑扬顿挫的教诲，不时传来老师们充满欢喜、充满收获和向往的话语。

一起来，更精彩

要送出去的礼物没有用完，今天正好派上了用场，一份奖励给了小韩，奖励她的辛劳，奖励她的奉献，奖励她的细致，奖励她的无私。礼物很大，但不贵重，当然再贵重的礼物也是可以用价值来衡量的，但责任无价、奉献无价。

还有一份是给梁老师的，但绝非因为在车上我让大家猜礼物应该给谁时，他当仁不让地说："给我的。"也绝非因为我戏称："如果有第二份，那就有一份是你的！"这一份应该奖励他，那是因为在比赛中他高亢的歌声吗？也不是，而是因为他这几年来对鼓号队的培训，无怨无悔、不索分毫的培训。如果说小韩老师每天傍晚陪伴着训练的学生，梁老师则是每天早上让学生吹响第一个音符的人。

当然，我相信，如果那一位不是小韩老师、不是梁老师，也会有同样的精彩、同样的成功。

王老师本可以每天随着校车回家，可是车上常常不见她的踪影。那间仍然亮着灯光的课室照着她伏案工作的身影，身旁竖立着一块又一块的小黑板。原来，任教三个班数学的她正在为明天的上课做准备。

　　孙老师已经年过不惑，身体也不太乐观，但是作为三个班的英语老师，她一点也没有懈怠，反倒是一瞅见有老师要请假，总是主动担纲；一遇上外出听课，总是"牵肠挂肚"。

　　小陈老师又是怎样的细致呢？班级管理得有条不紊，对学生呵护有加，不惊不乍，似乎所有的一切都在她的意料当中。她的班刊《书娃娃》别出心裁，刊登着孩子们的诗歌，流露着孩子们的童趣和真情。

　　老陈老师的赏识教育让她总是充满微笑，让她经常成为家长"钦点"的班主任。"老师相信你！""你是最棒的！"让孩子们没有挫败感、没有失落感，有的是扬帆起航的信心。

　　大陈是个善于思考的老师，她一定有一个百宝箱；否则，她怎么会有那么多的办法，会有那么多的故事，会有那么多的名人名言，让一个个顽逆的小调皮点头称是、心服口服！

　　简老师是个理论与实践并行，管理班级游刃有余的行家。她不温不火、不怒不威，甚至还可以微笑地批评学生。说来也怪，过去躁动不安的班级经她一调教，让我们省了不少心；过去开家长会总是寥寥无几的课室，空座位所剩无几。也不知是哪派的秘籍。

　　大张可是个全才，当语文、数学老师都离开学校的时候，她这一位美术老师所在的课室既可以传出琅琅的书声，又可以听到关于和、差、积、商的争辩。

　　还有美丽的才女秋秋，五年如一日天天坚持为学生的《随想本》写评语的小龙，还有可爱的准妈妈小杨和小亮，敢于担当且用心细致的小唐……

　　我们每一位老师都有自己的精彩，每一位老师都在自己的岗位上体现自己的价值，每一位老师都在续写自己生命的华彩乐章。一起来，更精彩！

2011 年 1 月 5 日

异彩纷呈　真诚分享

　　我被种种惊讶久久地包围着，我被种种精彩久久地打动着，我被老师们的真情久久地撞击着，我的泪腺在膨胀，我不由自主地对他们竖起大拇指，甚至想冲

上台去拥抱她们。我几乎可以听见自己内心的呼喊：可爱的、可敬的、可亲的老师们！你们对工作、对同事、对学生充满着浓浓的情、深深的爱！这种爱是无私的、执着的！

对于以下四个问题，每位老师都交上了近乎完美的答卷，尽管他们当中有人很谦虚地称自己表达欠佳，有人说自己会贻笑大方，可是一站上讲台，思维和语言的密码就轻松对接，智慧自然开启，大脑司令部运转自如。

本学期我最满意的是什么？

本学期我最感动的是什么？

我还可以做得更好的是什么？

我印象最深刻的一本书是什么书？

老师们的回答都是触动灵魂的。

我们的老师真诚地告诉大家最满意的是学校的人文环境，是搬迁到新的学校所带来的变化，是自己的家人给予的支持，是一个学期没有出安全事故，是自己所教的学生成长了，是自己的心态平和了……

我们的老师坦诚地告诉大家有时感动是一刹那，它来自同事经过你身边的那一声"辛苦了"的问候；来自同事牺牲休息时间的无私相助；来自外出时副班主任"请放心"的一颗定心丸；来自学生让你转过身来的一个惊喜；来自家长每一条充满感恩的短信……我听到了发自肺腑的共识：我体验到了幸福感，我觉得自己的付出是值得的！

第三个问题的回答看出了老师们对自己正确的价值判断，既为自己的成功而喜悦，也对自己如何迈出下一步、如何改进教学、如何做一名更加优秀的教师、如何更好地实现不让一个学生掉队而有了自己的思考，并充满信心。

第四个问题，同样让我感到欣慰。每位老师都能把读书当作自己生命中不可或缺的一部分，尤其是"80后"的老师，让我刮目相看。小陈、小妮、大陈、中陈、小秋、大张……你们口吐莲花、秀外慧中，让我惊叹不已。

我的笔触无法描述当时的情境，我也无法将老师们的肺腑之言、真情告白一字一句地再现出来，但是它们会镌刻在我的心里，镌刻在每一位老师的心里。而我，最感动的就是老师们的感动。

就让我撷取感动中的点滴，随时重温激荡心扉的感觉。

珍："不要固执地坚持自己不该坚持的东西，不要轻易地放弃自己不该放弃的东西。"

蕾："我最满意的是我的心态……做好了当然更好，如果做不好也不要耿耿于怀，我会去反思，相信下一次会做得更好。"

萍："我最满意的是一个学期没有发生安全意外，而且学生还很喜欢上体育课。"

兰："最让我感动的是梁老师，他每天总是最后一个离开学校，作词，谱曲，训练，他的毅力和热情让我佩服。"

周："每周开完行政会都是12点多。那天，我开完会下楼回到办公室时，看见饭和汤都摆在桌上。我询问学生，其中一个学生说是她打的，因为她担心像上周一样开完会后老师回来没有饭了。"

亮："我怀孕后得到校长很多的关心，我很感动……很多问题我都不懂，希望老师们给我更多的关心，这样我会更加感动的。"

张："我印象最深刻的书是我的教科书，我对它熟悉，我每天都研究它、使用它。"

茵、榜："我最满意的是学校的人文环境。"

秋："我最满意的是学校愉悦的氛围。她让我没有一点陌生感，让我很快地就融入了这个集体。"

……

2011 年 11 月 18 日

记得去年教师节

翻看着去年的工作笔记，真巧看到了当时孩子们对老师的无限深情，不由心生感慨，就让点点滴滴的温情装载在记忆的扁舟，永远荡漾在师生的心海。

"龙老师，您是我们学校教学经验丰富的语文老师，您给我留下了深刻的印象，我永远忘不了您！……您对我们慈母般的关怀和爱护，如春天的阳光，温暖着同学们的心。在我眼中，您是我最好的老师！"

"我和曾老师的故事还会演绎下去，我要把曾老师给予我的昨天折叠成记忆的小船，任其飘荡在我感恩的心湖。"

"六年来，潘老师对我的关怀可谓数不清，或大或小，都体现了她对学生的

爱。祝所有的老师节日快乐！”

“潘老师是我们心中的榜样。这位老师，在我们心中筑起了一座山，把我们心中所有的顾虑与惧怕牢牢地压住。至少在我的心中，她的地位是永远无法动摇的。”

……

距离教师节还有好几天，校园却早已洋溢着节日的气氛。经过一间间教室，浓浓的节日情调随着秋风在空气中渗透，如果说这气氛是有味道的，那一定是甜甜的，如蜜，如孩子喜欢的巧克力。低年级的同学用色彩斑斓的画笔画出了初入校园的喜悦和对老师的喜爱之情，画面活泼且充满童趣！中年级的同学用各色卡纸灵巧地剪出了各种各样的图案，拼成了一个大大的“♡”形，绚丽得牢牢地将你的视线拴住！高年级的同学成熟而又含蓄，把老师与自己之间的故事写在一张张方格纸中，真挚而又饱含深情！

谁言寸草心，报得三春晖！谁说我们的孩子不会感恩？谁说我们的孩子怯于表达？谁说我们和孩子缺乏心灵感应？谁说我们的老师只有付出没有回报？谁说我们的老师不会满盈着幸福快乐地行走？

2011 年 9 月 6 日

评语欣赏

写评语是班主任老师的常规工作，只有对孩子了如指掌的老师才能准确地描画出“这一个”学生而不是“那一个”。一个学期下来，班主任老师的头脑里应该满是孩子们的形象：有淘气的，有乖巧的；有快乐的，有噘嘴的；有动如脱兔的，有静若处子的……

评语是给孩子们看的，它应该让孩子认识自己并看到成功、看到信任、看到温馨；评语也是给家长看的，它应该让家长认识孩子并看到信赖、看到艺术、看到关爱。恰当而富有艺术性的评语是一份值得珍藏的礼物，是一首短小而精致的散文诗，是一种鼓舞人心的力量。

临近期末，我们学校的几位行政人员分别过目班主任老师的评语。一年级和六年级的评语由我来检查，欣赏完老师们"个性 + 期待"的评语，我感受到老师们字里行间流淌的教育艺术和浓浓的爱意。

（1）六年一班甲生：你忽闪着一双聪颖、智慧的眼睛，在全班同学和老师心目中树立了优秀班干部的形象，全部同学都默默地把你作为榜样。你上课专心听讲、认真完成作业。你团结同学，待人有礼貌、诚恳。老师布置的事情，你能默默地记在心里，积极去做，从来不用老师操心。老师想，如果你能主动帮助学习有困难的同学，那么你将更加出色，更加完美！

祝新年快乐！

（2）六年一班乙生：你是一个尊敬老师、待人有礼的好孩子。你总能按时完成各科作业，书写认真、漂亮。你总能遵守课堂纪律，专心听讲，大胆发言。但如果你回答问题时，声音能再响亮些，敢于说出自己的看法，就更好了。老师希望你在以后的学习中，能增强自信心，善于发现问题，解决问题，掌握良好的学习方法，克服粗心大意的毛病，争取在学习上有更好的表现。

祝新年快乐！

（3）六年二班甲生：你就是个精美的小话匣子，一幅简单的图画都能被你说成是一个生动而美丽的故事，就如你的名字一样充满了诗情画意，连老师也禁不住要夸夸你。你总是有那么多的话对老师和同学说，让老师和同学感受到你是个"热心肠"。但是，你的小话匣子经常在不恰当的时候打开，影响老师上课和同学听课，希望你以后注意，并努力使自己成为一个精美而有很好调控机能的小话匣子，好吗？

（4）六年二班乙生：最难忘的是你在运动会上努力拼搏的身影和工整的作业书写。这一学期来，你尊师守纪，热爱劳动，上课专心听讲，成绩优秀，还热心地为班集体和老师做事，上课积极大胆举手回答问题。老师非常欣赏你这么优秀。希望你能继续博览群书，成为一个"智勇双全"的男孩子。孩子，送你一句著名诗人汪国真的诗：世界上，没有比脚更长的路，没有比人更高的山！

（5）一年二班甲生：在班上的孩子里，你那圆溜溜的眼睛特别有神气，你上课的坐姿特别端正，但吸引老师眼睛的还不只这些：你聪明好学、勤奋努力、思维敏捷，课堂上总少不了你响亮而自信的回答，你还是一个懂事的孩子，小小年纪知道怎样管理好自己，并带动同学们学习。作为我们班的早读班长，每天早读，你清脆有感情的读书声是我们班最令人振奋的音乐。同时，你还是同学们学习的榜样，你关心集体、热情大方，总能和同学友爱相处，是一个很优秀的学生。如果午睡时候能更注意自己的纪律，那就更好了。希望你继续努力，成为全

面发展的好学生。

（6）一年二班乙生：小艾是一个天真可爱、助人为乐、乖巧懂事的女孩，小小年纪就懂得要听妈妈的话，管好自己。你学习非常认真，常常中午回家就把当天的作业完成一大半了。课堂上你积极主动，对老师的每个问题，都积极思考，积极举手争取回答；如果谁没有笔或橡皮擦，你总能"挺身而出"，所以老师和同学们都喜欢你。你还是一个心灵手巧、想象力丰富、有创意的女孩，连美术老师都忍不住赞小艾的画真好。每天，老师最开心的是能听到小艾礼貌甜美的问好，看到小艾快乐擦窗的身影。祝愿小艾来年更好，进步更大！

（7）一年二班丙生：你单纯活泼、想象力丰富、学习积极、成绩优良。正如你的名字般，佳豪也是一个豪爽的男生，记得上次我们要建一个图书角，你一下子就抱来了十本书，真让同学和老师佩服。课堂上，你越来越积极举手回答问题了，老师很高兴，但还要稍微注意方式，要学会文明有礼貌地举手。有时你不能严格要求自己，课堂上喜欢跟同学小打小闹，或低头玩自己喜欢的东西，这怎么能进步呢？好在佳豪还是一个知错能改的孩子，而且上进心强，老师还是很欣赏的。希望以后你能严以律己，做一个自主自律自强的学习小主人。

2011 年 1 月 4 日

看见温柔的坚持

《温柔的坚持》是柴静《看见》中的一期节目，推荐观看的是一位从事心理研究的朋友。看完我深深感动于融合教育的提出者和实践者，同时对推荐的朋友怀着一种深深的感激。

一个智力发育迟缓的孩子，难以控制自己的行为和能力，在家乡的学校经常让所有人都感到头疼，让孩子的妈妈因为惧怕老师、孩子同学家长和孩子同学的告状而回避接送孩子，孩子最后上学无果。无奈的妈妈抱着一线希望，带着孩子到台湾跨海求学。就这样，她的孩子成为大陆第一个到台湾接受融合教育的孩子。

可是，这并不是一所我们想象中的特殊学校，这所学校实践的是融合教育，所有的孩子中有三分之二是普通孩子，三分之一是特殊孩子。在这所学校里，每一个孩子都受到平等的对待，老师也不承认自己的班里有"特殊孩子"，但是，教学是有层次的，而且根据学生的情况开展教学，让不同的学生都有收获，实现真正意义上的因材施教和教育公平。

在这样的班里，没有歧视，没有自卑。普通的孩子学会了如何尊重他人、宽容他人、照顾他人；特殊的孩子学会了自理，拥有了自信，找到了自己存在的价值。

我们的学校也有像视频主人公成成这样的孩子，因而每一年的一年级学生家长培训会上，我都会与家长分享一则听来的故事：在美国有一所普通学校，这所学校门庭若市，家长们趋之如鹜，其根本的原因是这所学校招收特殊学生。家长为何如此热捧？聪明的家长们都希望自己的孩子在这样一所学校里学会如何尊重和自己不一样的人，如何与完全和自己不同的人相处，如何学会去关爱和照顾有需要的人……而这些，都是一个人真正的品质所在，也是孩子走向未来应该拥有的通行证。

上个学期，我校一年级破例收了一个身体发育迟缓的孩子。孩子来校的第三天就被一个小男孩无意推撞了一下，头撞在门框上，流血了。送医院处理，缝了三针。小男孩的妈妈很不服气，就责任的分摊问题找到学校，埋怨学校不该招收特殊孩子。

此后的一次家长会，我分别到一年级三个班去，向家长就诸如此类的问题做了回应和解释，希望家长们给这样的孩子一个集体生活的机会，给自己的孩子一个学会自我保护和保护他人的机会，给自己的孩子一个学习关爱他人和照顾他人的机会，并与他们分享美国那所小学的做法和家长的想法。每一个班的每一位家长都凝视着我，看得出来，家长们都被故事所感动，被我的一片真情所打动。

六年前，学校迎来了一个自闭症的孩子，那个孩子颇具破坏性。当时，由于孩子刚刚入校，家长们都担心孩子年龄小容易受到伤害，但更多的是对孩子的宽容。而且，对待这样的孩子，呵斥是没用的，只能温柔地引导。一位春风化雨、润物无声的班主任用宽容、耐心的心胸抚平了孩子的暴躁，还让孩子渐渐融入自己以外的世界。不仅如此，这个班的每一位同学都学会了宽容，懂得了每一个个体都是值得尊重的，能够理解和同情他人，能够习以为常地对待身边有点不一样的人。

毫无疑问，我们的教育有许多可圈可点之处，值得许多国家和地区来研究和效仿。当我观看《温柔的坚持》时，感动和震撼之余，我觉得我们应该弥补一些什么。

扎实、充实、平实、真实

——听王蕾老师的"角的度量"

王蕾老师给我的感觉是大气，人很大气，上课也很大气。她是学校出过大场面的一位教师——全市、全省、全国的优质课上都曾留下她的风采。

今天听完她上"角的度量"，头脑中不由出现了四个词：扎实、充实、平实、真实。而这正好契合叶澜教授对好课的要求。

（1）扎实。

王蕾老师的每一个环节都是掷地有声的，无论是认识量角器、理解角的大小（就是这个角包含了多少个1°），还是读出角的大小、测量角，她都将目标准确地落实到位。

尤其是为了达成目标，王老师设计了一个一个的子目标，为了避免学生在测量角的过程中出现太多的问题，王老师用了比较多的功夫让学生学会看量角器，通过观察，给学生建立一个正确的认识，形成固有的印象：角的开口朝向左边，看内刻度；角的开口朝向右边，看外刻度。

在学生量角的过程中，王老师的指导也很到位，在学生体验、尝试的基础上帮助学生归纳出"点点重合、线边重合、读准刻度"的结论，让学生觉得有据可循、有法可依。

课堂上的练习量合理，而且紧紧围绕教学目标和教学重点。通过检验，可以看出课堂的效率较高，平时所知的学困生也掌握了角的度量的方法，而且能够准确度量。

（2）充实。

课堂上的内容很充实，如前所说，既有认识量角器、理解角的大小（就是这个角包含了多少个1°的角），也有1°的角有多大、读出角的度数、测量制定的角。

从学习方式来说，既有学生的动手操作，又有观察和发现；既有学生的个人思考，又有小组的合作交流，较好地实现了新课程倡导的学习方式。当然，这种学习方式必须适合这些学习内容。

从学生的参与来看，学生是主动积极的，围绕老师的一个又一个问题，循序渐进，学有所获！并且学生是善于发现和善于思考的，发现了量角器的中心点，发现了外圈和内圈同一位置的数相加是180，发现了0刻度线，发现了半圆平均分成了180份（每一小格表示1°），发现了角的朝向和读数之间的关系。

从学困生的学习来看，无论是学生观察时的发现还是学生实际的测量，老师都关注着学困生，或是走过去了解和辅导，或是提供发表意见的机会，让他们上台展示，对学困生进行有效指导，让学困生学有所得，学得成功。例如让MTT回答测量角的方法，最后让FJW和XCL上讲坛量角的大小。

最后一个环节，是让学生不用量角器直接看出钟面上时针和分针的角度。XJR同学不负老师所望，综合运用所学的知识和钟面的特点完美地解决了这个问题，同时也启发了其他的学生。王蕾老师这一练习的安排，实现了不同的学生在数学上的不同发展。

课堂上没有松散、浪费时间的现象，每一分钟都被王蕾老师充分利用了。

（3）平实。

王蕾老师本节课最大的特点是以问题为中心，以一个又一个的问题作为过渡，作为引发学生思考的线索。

开课之初，王蕾老师首先抛出一个问题：角是由什么组成的？

继而出示两个差异不大、开口相反的角，提问学生："哪个角大？"让学生猜测，激发学生的认知冲突：必须学习用工具来测量角的大小。

"你们知道测量角的大小要用什么工具吗？"

"量角器是什么形状的？"

"观察量角器，看看你有什么发现。"

"你知道这些角的大小吗？"

"你认为量角的时候要注意什么？"

"怎样用量角器量角？"

……

没有色彩炫目的动画，没有故弄玄虚的情境，王蕾老师手中只有一把透明的量角器，靠着这朴素的、神奇的工具，利用现代化的实物展台和学生的亲身体验，引导学生达成教学目标。

准确而简练的语言也是王蕾老师课堂教学的特点之一，这点值得很多数学老师学习。

这节课就像一篇朴实无华但含义隽永的文章，也像一条平静流淌的小溪，还像一件不事雕琢的工艺品，更像一棵向上的橡树——不枝不蔓。

（4）真实。

"清水出芙蓉，天然去雕饰"，这就是王蕾老师的风格。

我们献给老师们观摩的就是常规课，对于经验成熟的老师来说，不需要雕琢，更不需要反复地试教、演练。可乐、雪碧、橙汁固然好喝，但为什么还是提倡喝白开水，因为每一个人心里都很清楚，白开水更健康，平平淡淡才是真，真才让人佩服，让人追求。

上课的任务是周一交代下去的，当时王老师还谦虚地推让，连称会让老师们失望。

学生的回答是真实的，学生的活动是真实的，老师的引导是真实的。

唯其真实，我们才可以窥一斑而见全豹，看出王蕾老师扎实的功底。

当然，真实也体现在"有待完善"，正如王蕾老师在反思时所说，在看量角器使用方法的时候，可以让学生自己去探究，把更为广阔的思考空间留给学生，让学生在观察、比较中交流和发现，不必把牵引的绳索扯得太紧，甚至让学生作一些"填空式"的定向回答。

在学生度量角的过程中，也可以让学生先行尝试、讨论、交流，自己归纳出方法，而不要老师都包办代替。

王蕾老师在反思中都对这些做了解释，之前也有这样的设计，但考虑到学生下午上课较为疲惫，担心不好控制，这样做就较为稳妥，这也是可以的。教无定法，关键是看效果！但对于学习方法、对于学生的能力发展而言，这是可以尝试的。

精彩纷呈　精兵强将　精益求精

每年这个时候，都是盘点收获的时节，是激动人心的时节，是体现感恩的时节，也是传递正能量、催人奋进的时节。

今天下午，学校一楼综合电教室上演了"我们的故事，我们的精彩"总结会，语文课组的"学而不厌，诲人不倦"，中年级组的"姐妹情深"……或文采飞扬，或朴实无华，或沉稳端庄，或俏皮活泼，或新意迭出、眼前一亮，或动态酣畅、引人思索……让几乎一个学期跟岗在外的我一次次地被话语、被画面深深震撼！这就是我的团队，这就是我的姐妹，这就是我曾经朝夕相处的同事！亲，我太爱你们了！

毫无例外，我是要总结的。我该说些什么呢？第一个词倏地跳了出来，那就是精彩纷呈！对，用"精彩纷呈"来概括老师们一个学期以来开展的活动、取得的收获和给我留下的感受再恰当不过了。

当你听着，当你看着，不论是一位普通的老师对工作的责任，还是一位部门的主管行政人员对学校的付出，你都会不由自主地想起另一个成语：精兵强将。不错，就是精兵强将！

看看我的"行政团队"，我庆幸我的眼光，我没有看错人！我也为老师们感到庆幸，因为你们也没有看错人！因为她们，我感到自己是幸运的、幸福的。张校长到学校挂职这一年，学校依然保持着良好的态势，在此，我由衷地感谢！在外面学习的这一段时间，我很少接到学校的电话，也很少打电话回学校，因为我信任他，信任我们这个团队。他们都是我的强将！

还有你们，在座的每一位老师，你们值得我信赖！黄润转老师从岑村小学调来后，不断地给我们惊喜，今年的抽测中，她所教班级的成绩超出全区平均分五分之多，这对于我们属于城中村村民子弟和流动人口子女的学生而言委实难得。我所知道的是，黄老师课前备课做得非常好，很用心设计、制作课件，课堂上落到实处，课后对学困生的帮扶不厌其烦，真正做到了诲人不倦。在此，我们替家长和孩子们向她表示感谢！王蕾老师最大的缺点就是"太谦虚"，张校长说得对，过度的谦虚就是骄傲。大家都知道，王蕾老师曾经教三个班的数学，可是毫无怨言。任教六年级的时候，她经常很晚下班，有时候是为第二天的课做准备，更多的时间是在辅导学困生。考试前，她放弃了乘坐校车的机会，为的是能早点回到学校做好课前准备。除此之外，还有陈晓兰、曾晃妮、熊慧芳、唐佳冰、梁海玲、吴再兰等优秀的老师。还有赵青老师，同事们说她这个班不论哪方面进步都很大。特别是陈洁萍，除了智慧党建，很多工作都由她负责，如完成问卷、提交数据等。物以类聚，人以群分，我喜欢我的团队，能潜下心来育人，能沉稳做事，能做到管理到位、精细，值得称道！他们正如陶行知先生所说的那样："捧着一颗心来，不带半根草去。"

第三个词，停顿之际，抬眼望去，老师们嘴唇动，真是心有灵犀！不错，就是"精益求精"！我们虽然取得了不菲的成绩，但是"没有最好，只有更好"。我们永远在路上——在追求美行教育的路上。我们的课堂教学、我们的教科研、我

们的大课间、我们的礼仪教育……还存在许多亟待努力的地方，这一点科组长、部门在问题思考中也提出过。下学期，我们要重点推进"美行课堂"的研究，研究如何在课堂上落实美行教育理念，开展富有实效的课例研究，定准目标，落实目标，让更多老师承担全区公开课的教学任务。此外，希望能为学生创设更多的实践活动平台，搭建更大的才艺展示舞台，让学生快乐，让自己愉悦！

2014 年 1 月 16 日

那些人，那些事

　　置身于校园就是置身于温情和温暖之中，每天都有阵阵的感动不由自主地荡漾在心的海洋。享受教育，是的，享受教育的感觉就是如此！带来如此感受的不仅源于视野中随处可见、笑靥如花的孩子，听觉里随处可闻、恍如天籁的童音，更因为校园里常常发生许多让你的心陡然变得柔软的故事。

　　故事一：家长参加培训的孩子免一次作业

　　学校决定在周四晚上举行家庭教育讲座，讲座嘉宾是广东省十佳父亲、全国著名家庭教育专家、原 109 中校长张仲庆。此次听众主要集中在五、六年级，由于场地所限，每个班只有 20 个名额，因此，每个班发了 20 张邀请函。这是第一次利用晚上的时间举行家庭教育讲座，尽管每个班只邀请一半家长，但我还是担心出勤率不高，担心家长对家庭教育讲座的重视程度不够，担心家长不能领会学校的良苦用心，担心家长不会珍惜宝贵的学习机会。

　　最后落实得如何，关键在于班主任。陈秋珍老师是五年二班的班主任，当她得知张校长来讲课时，喜悦之情溢于言表。她除了把所有的邀请函发下去，还利用 Q 群详细地介绍了张仲庆校长的背景且与家长分享曾经听过张校长讲座的感受。此外，她还在班里动员孩子们，只要是家长来听讲座了，第二天可以免做作业。可以想见这一举措对孩子们的吸引力有多大！孩子们又会如何凭着三寸不烂之舌去游说家长！

　　故事二：让我们一起行动

　　张赤芸老师算得上是学校的元老级人物，她在这所学校付出了二十多年的感情。虽然她任教的学科是美术，但是她却是一位不折不扣的优秀班主任，她把所有的爱和精力都给了孩子们。

由于她倾尽心思，班带得好，所以学校经常将低年级放到她的手中，以帮助孩子们养成良好的习惯，以帮助家长形成科学的教育理念。当自己要将倾尽了感情的班级交给其他老师的时候，她有纠结、有不舍，但是她的一句"服从学校安排"让我于心不忍之外满含感动、感激。在移交的时候，她详细地向新接班的老师介绍孩子们的情况，她还配合新班主任组织家委会，做一些家校协调工作。当家长得知她不再担任孩子的班主任时，多有不舍，纷纷表示要找学校领导"扭转乾坤"，顾全大局。但是，每次都是张老师顾全大局，及时劝阻。

为了开阔孩子们的视野，培养孩子们的社会实践活动能力，促进良好的亲子关系和家校关系，张老师利用双休日组织家长和孩子们开展户外活动。在白云山，他们留下了踢毽子、跳绳的轻捷身影；在广东省博物馆，他们领略了地域历史和文化的魅力；在美丽的农庄，他们或是观察和采摘果实，或是支下画架感受大自然的神奇……

她关注每一个孩子，为了让一个小女孩克服羞怯的心理，她给了小女孩当班长的机会。有家长不解：这孩子成绩并不突出，各方面也不出色，为什么还委以重任？张老师向家长解释，要让每一个孩子都有展示的机会，给她机会就是要培养她、教育她，帮她树立自信，让她也有成功的体验。后来，这个孩子变得阳光、自信，还参加了学校大队干部竞选。

张老师把灿烂的阳光带给了班里的每一个孩子，孩子们在张老师的关怀和培养下更加快乐、更加自信。

故事三：爱别人的孩子是神

弘毅是个特殊的孩子，他的特殊在于对自身行为的控制能力和自理能力低于同龄孩子，再加上没有上过幼儿园，缺乏和同伴沟通的经验，存在较为明显的语言障碍，常常沉浸在自己的世界里，上课时经常走动，无法正常倾听和书写，而且常常猝不及防地发生一些状况，让老师措手不及。

开学一个月，每天都是弘毅的外婆陪读。陪读固然可以减轻给孩子带来的干扰，帮助孩子适应环境，引导孩子学习规则。但是，教室里平白无故地多了一位家长，无疑给老师带来了压力，老师由此产生焦虑的情绪是完全可以理解的。

一个星期后，孩子的外婆见到我，激动地拉着我，连连竖起拇指："你们学校的老师真了不起，很有爱心。真的很感谢梁老师，很有耐心，很包容，小孩进步很大。"

梁老师就是弘毅的班主任，虽然别无选择，但是她顶住了压力，迎接了挑战。我想，这对于年轻的她来说无疑是一次考验和历练。

在家长和老师的共同努力下，弘毅在逐渐进步，从全陪到家长可以在教室外的走廊走动，从家长留在二楼（孩子课室在二楼）到家长在楼下等候，从在学校等候到偶尔离开学校。但是，就在家长外出的这一段时间，孩子要上厕所大便，语言不会表达，只能扭来扭去，第一次梁老师并不理解孩子的意思，直到闻到臭味才知道孩子把粑粑拉在裤子里了。她没有把将孩子带到厕所，而是打电话让家长带裤子来换。第二次、第三次，梁老师有经验了，只要看到孩子蹭来蹭去，就把孩子带到男厕所，帮孩子脱下裤子，擦干净小屁股。

老师就是最好的榜样，行为就是无声的教育。在梁老师的影响下，班里面的小朋友都能善待弘毅、帮助弘毅。

有人说，爱自己的孩子是人，爱别人的孩子是神。我认同！

力量来自内部

周五下午是校本培训。暑假读书交流还有四个科组未能完成，而且，区里前一天召开了教学工作会议，有许多富有价值的信息需要与老师们分享。看来，这次培训内容注定是丰富的。

首先交流的是英语科组，在科组长的安排下，老师们逐个分享自己的暑期读书感受。科组长黄润转老师读的是《优秀的英语老师是怎样炼成的》，其实她自己就是一位优秀的英语老师，可是她仍在追求。她的分享给我留下深刻印象的是两个词：宽容和微笑。当选上学期"最有潜质的青年教师"——赵青和王晓娜老师都看了《学与教的心理学》，她们结合自己的教学，分享了关于教学设计、认知特征、教学目标的阐述，一致认为是阅读让她们巩固了教育学心理学知识，并表示要深入思考，用科学的理论指导自己的教育教学。王晓娜老师还提到了皮革马利翁效应。温仲腾老师看的是关于家庭教育的书籍，她与我们分享了其中一个令人感动的事例，通过这个事例阐明：我们的一句话真的会改变孩子的一生。

我对读书交流进行简要的点评后，开始了另一个主题：五年级团队经验分享。上学期五年级抽测中，她们取得了历来最好的成绩，这就意味着两个班的学生中只有 1 或 2 个学生不及格，这对于以原村民子弟和流动人口子女为主要生源的我们而言，实属不易。凤翠芳老师认为要做好与家长的沟通工作。唐佳冰老师则强调课堂是主阵地，要多留给学生阅读时间，要有意识培养学生自主学习的能力，让孩子们感受到学习和阅读是一件很快乐的事情。她还介绍了自己是如何进行字、词、句的教学的，以及通过学生周记训练学生习作的做法。王蕾老师提质增效的秘诀体现在备课、上课、课后，她坚持寒暑假备好一个学期的课，而且手写教案，以达到一举几得的功效。开学后进行第二次备课，上课前再一次细化。她追求"简约、高效"的课堂，精心设计配套练习，开展课堂小测，及时批改，及时反馈。对于学生的作业，她也是当天就批改，对于错题，必定第一时间让学生订正，而且紧密跟踪，直到学生做对为止。对于错题的处理，她的做法值得借鉴。测试后让学生对错题进行收集，评讲后让学生过一段时间再做。黄润转老师更为了得，每一次英语考试，他所教的班级的平均分都远远超出区平均分 5 分以上，引起了教研室领导的关注。她的法宝是什么？"教学质量取决于课堂教学效果。老师要经常学习学科知识，提高知识水平和教学技能；注重课堂教学质量，关注教学内容的设计以及抓好常规，帮助学生养成良好的学习习惯，还要对学生进行课堂、课后学习方法的指导（及时复习），课前进行单词抽查。抓好学困生的补差工作，发现孩子有进步要及时告知家长，通过信息进行鼓励，让孩子有成就感……"我肃然起敬，相信每一位聆听的老师都会和我一样。黄润转老师让原本缄默的知识鲜活了起来。看来，正如要求老师给学生机会和舞台一样，校长也要创设更多的机会给老师，让大家的智慧凝聚起来，成为一股强大的力量。

第三个环节依然是分享，这次的主角是我。我分享了区教学工作会议的主要内容，一是徐海元主任关于质量抽测的举措。二是八十九中邹俊校长经验交流中的几句话：对一个十二三岁的孩子定性是残忍的（这恰好回应了温仲腾的故事）；想昂首阔步就跟我走，想理直气壮就跟我上（深有感触，我今天的努力是为了什么，不就是为了学校的荣誉和个人的尊严）；你若是对的，世界就是对的。三是柳恩铭局长关于教育质量的阐述。为了达到更好的效果，我提前制作了 PPT，包括质量的内涵、质量的重点、质量的要素、质量的路径、质量的常规。我还搜索了柳恩铭局长经常提及的"学习金字塔"，将其清晰地呈现在屏幕上。四是分享了主持人谢向红副局长关于北大教授姜伯驹院士 50 年如一日亲自批改学生作业的故事，并表达了自己对家长签名的建议。

最后，我提出了一如既往要做的"1 - 2 - 3 - 4 - 5 - 6"：

围绕一个核心：学生发展。

贯彻两个原则：爱和责任。

涵养三个风尚：德美、心美、行美的校风；朝气、雅气、才气的教风；勤学、善思、乐问的学风。

夯实四大常规：备课、上课、作业、辅导。

落实五种课式：研讨课、邀请课、交流课、展示课、推门课。

坚持六个"坚持"：坚持每天阅读一篇文章，坚持每周一次科组教研，坚持每周撰写一篇教育教学反思（案例），坚持每月阅读一本教育教学书籍，坚持每学期撰写一份优秀教学设计（案例），坚持每学年撰写一篇教育教学论文。

作为一校之长，上传下达固然重要，但更为重要的是激发团队每一个成员内在的力量。此时，我又想起了班主任的那段话："波音飞机的每一个零件并不是世界上一流的，但是它们竟然组成了世界顶尖的飞机。"我相信，我们有爱，有责任，有强大的力量！我们享受教育，守望成长，体验成功！

2014 年 10 月 19 日

美行故事　温暖你我

一个学期即将结束，又到了盘点收获、细数家珍的时候。

该用怎样的方式呢？分科组或级组分享？大家正襟危坐、按部就班地念着早已准备好的学期总结？小团队共同作战，历数精彩展望未来？是否可以来点新意思？

五个月来，我们马不停蹄，忙忙碌碌。光是一个 80 周年校庆就足以让大家刻骨铭心，永远难忘。五个月的时间，一定有许许多多的故事发生，而这些故事一定感动着我们自己，感动着我们身边的人。于是，我拟了下面这段文字，放在 Q 群。

亲爱的老师们：

时间恍如白驹过隙，一个学期在我们忙碌之际悄然而逝。

日子虽然忙碌，但快乐总是与我们不离不弃，温暖总是如曼妙的弦乐环绕在我们周围，有时如期而至，有时惊喜而来，直抵心扉，掀起一阵一阵波澜，让我们恍然间体会到一切都是如此美丽！

"美行故事，温暖你我！"就让我们在一个学期即将落下帷幕之际，闭目冥思，打开我们心灵的相机，把用我们的慧眼摄入的一组组精彩纷呈的照片重新组合、配上图说、注入真诚和深情，幻化出一股股甘泉，流淌到每一位同事的心中。

美行故事，可以是你的故事，可以是你身边同事的故事，可以是你和孩子的故事……

期待着，你的故事一定会温暖整个冬季，温暖整个团队！

本学期最后一天下午，工会组织聚餐和爬山。餐桌上，大家谈笑风生，一种愉悦、轻松的气息散发在整个房间。"美行故事"悄然间拉开序幕。首先分享的是语文科组长邱秋燕老师，她饱含深情，用感动、感谢、温暖三个关键词述说了语文科组在学科节期间如何显示团队精神的一幕幕场景。激情飞扬的凤翠芳老师讲述了六年级办公室四位同龄人诸多的相似之处、亲密无间的情感和工作上的默契。熊慧芳老师、陈秋珍老师……

是呀，温暖的故事俯拾皆是。考试前一周，刘燕珍老师的父亲去世了，学校已经把她所有的工作都安排妥了，她完全可以享受五天的丧假，和哥哥们一起料理父亲的后事。可是，第二天她依然出现在孩子们面前。虽然说是哥哥们的理解和支持，但更为重要的是她对孩子们的爱和责任。葬礼那天，她先回学校上完课才赶去现场。

孙婧老师担任三个班的英语教学工作，时间一长，教师的职业病——咽喉炎就冒出来了。但她依然坚持着，认真地上好每一节课，改好每一个作业本，不放弃任何一个学习落后的学生。夜幕降临，才看到她离开学校的身影。那天，她对我说："校长，下学期把三年级的书法课给我吧，我要训练学生的英语书写。"我知道，这就意味着她要多上一节课呀。这不就是对"美德、美心、美行"的完美诠释吗？期末考试，她任教的三个班的平均分皆在97分以上就不足为奇了。

还有我们级组的苏茵老师，通过80周年校庆、"父亲参与"课题研究，我彻底地对她刮目相看了。80周年校庆，她用细腻的心思和灵巧的双手，设计了颇具创意的级组文化展板；她所在班级的家长为学校设计教师文集和家长文集的封面、日历封面，整个过程她都积极地起着桥梁作用，不厌其烦地将我一次次的修改意见传达给家长。作为"父亲参与"课题组成员，她设计的"学爸行动登记表""家长签到表"均得到我的青睐。面对一个又一个任务，她的回答只有三个字——没问题。

熊慧芳老师，在承担和完成自己工作的同时，还要协助我的数学教学和学生管理工作。尤其是期末，无论是登记分数还是试卷分析，我对教导处说的是："让小熊去做吧。"就是这个"小熊"，新婚燕尔的小熊，朴素、善良的小熊，能干、肯干的小熊，看见她永远能感受正气，想起她就倍觉温暖的小熊。

美行的故事仍在继续，温暖的力量仍在升华。

正是因为这样的活动，我才有机会聆听我看见的和看不见的故事，我才有机会感受老师们丰富的内心世界，我才有机会认识老师们更加立体、丰满的形象，我才有机会表达内心深处的感激、幸运之情。

我要让感动的画面在彼此的心中定格；我要让温暖的感觉氤氲袅袅，充满学校的每一个角落；我要让美行故事成为学校文化场域中高高飘扬的旗帜。

2015 年 1 月 31 日

美好的开始

——有意义还要有意思

"亲爱的老师们，新年好！祝愿大家喜气洋洋！得意扬扬！新年伊始，万象更新，我的祝福依旧，那就是：健康的身体，积极的心态，愉快的心情，美丽的人生！"

随着一句句真挚的祝福，新学期教师会议拉开了序幕。这实在是个挑战，来到这所学校 12 年，意味着 24 个新学期，每一个学期的第一次教师集会都要说不同的话，难度太大了。

"刚才是我为大家带来的祝福，接下来由我们其他 8 位行政人员上台，一一为大家送上祝福。规则是：不能重复。"

尽管他们中有人申请要一起说，但我依然坚持我的规则。小韩当仁不让，接下来，行云流水，接踵而至："身体健康""万事如意""扬眉吐气""阳光灿烂""吉祥安康""年轻美丽""羊年吉祥""新年快乐"……感谢帅哥、美女送出的祝福！

　　我希望每一位老师都能为大家送出祝福，但是时间有限，因此只能"抽签"……我准备了一些写着编号的小纸片，由楚阳主席拿着它们，让老师们一一抽取。然后，让所有行政人员在另外的空白纸片上写下其中一个号码，彼此之间不重复，这样就有9个"幸运号码"。"6号""33号"……当工会主席和我叫到一个号码的时候，"幸运儿"不知是激动还是欣喜，有的"嘟"一声欢呼，有的不由自主地喊道"哦，太好了"，有的张开嘴作惊讶状，旁边的小伙伴们不由得为他们鼓起掌。9位老师一字排开，要求是用一句话来表达自己的心愿或祝福，大家兴致勃勃，争先恐后，最后是站在最右端的简媛施老师一锤定音，"从我开始"，于是，偌大的会议室又充盈了美妙的祝福声……或许，老师具体表达的内容我们并不在意，我们能感受到的是一颗颗充满爱的心，是一张张荡漾着幸福的笑脸。来一点小创意，让我们的工作有一点新颖的气息；来一点小创意，让我们的生活有一种清新的味道；来一点小创意，让我们的周围流淌出一曲活泼泼的小行板！

　　接下来是较为"严肃"的话题，那就是各个部门分享新学期的新思路。我很欣慰，我只是做一些思想上的引领，出一些核心的思路，她们就"八仙过海，各显神通"，周详地考虑如何将思想化作具体的行动：教学、德育、后勤、工会……

　　我常说教育就是影响，管理何尝不是！校长的人格影响着教师，校长的思想影响着教师，校长的行为更影响着教师。所以，每一次集会，我都心怀敬畏，心有戚戚，唯恐把不妥的言行或者负面的信息传递给老师，再经老师蔓延到学生。倘若校长一成不变，教师一定不会变。而今天，我要传达的是，作为老师要给孩子们一个有趣的校园生活，要保持孩子们新奇的感觉，要充分地相信孩子……

　　我真诚地希望听到来自老师们心灵的声音，"不识庐山真面目，只缘身在此山中"，我们的设想是否与老师的需求对称呢？我们的设想是否与时代同步呢？于是，我提出了如下问题：你认为学校最重要的工作是什么？学校最需要做的是什么？怎样做？此后是一片沉默，趁着老师们的沉默，我谈了自己的观点："一所学校要始终不忘三个关键词，那就是常规、质量、特色。""常规是规范，而且是日常、平常、时常要做的规范。'天下大事必作于细'，教育是大事，所以教育教学常规要突出一个'细'字，教育教学不要出现盲点。另外必须突出'坚持'，不能'三天打鱼，两天晒网'，要持之以恒。水滴石穿，简单的事情做到极致就是卓越。""质量是学校的生命线，这是一个颠扑不破的真理。质量的主阵地在课堂中，在教学中。因此抓住了课堂就抓住了质量。台上一分钟，台下十年功。课

堂，看起来是 40 分钟，但是，要让这 40 分钟出质量，就必须要有良好的知识储备和认真的态度去准备好每一节课，要有科学艺术的教育手段。我相信大家寒假期间都看了《魅力教学——高效与有趣的课堂》这本书，这是李校长向大家推荐的，这本书对于我们一线的老师很有参考价值。透过这本书，我很佩服作者渊博的知识，很佩服作者能提供几乎覆盖中小学所有学科的案例。我很喜欢作者的"前言"，尤其是最后两段。就让我们共同来分享吧。于是，我请邱老师用她美轮美奂的声音流畅地朗读着。

"第三个词是特色，学校必须要有特色。说到冼村小学，人们刮目相看的是学校的家长学校，是学校的礼仪教育，我对此表示认同。作为老师同样要有特色。有的学校，一位老师就是一个特色，一位有特色的老师就是一个品牌。一提及长兴小学，人们首先想到的就是剪纸，剪纸特色出自学校的美术学科，正是源于剪纸，学校提出了'美乐'教育的办学思想。一提及体育东小学，人们首先想到的就是特级教师游彩云。一提及岑村小学，人们想到的是林美娟老师。我们学校很多老师也有特色，例如陈秋珍、张赤芸、唐佳冰老师的班级管理，陈小兰老师的班级诗歌小报，陈燕丽老师的吟诵，简嫒施老师深厚的学科素养，黄润转老师优质高效的学科教学……"

我所期待的问题终于有了回应，韩倩云老师一马当先说道："作为地处高大上的珠江新城的一所学校，我觉得学校要做的就是培养有气质的学生，要培养有气质的学生，教师首先要修炼自身，做一位有气质的老师……"说得多好，这不就是我们美行教师的形象吗？

接着邱秋燕老师表达了她对个人成长的思考，赵青老师谈了阅读对教师专业发展的重要性，凤翠芳、简嫒施老师毫不讳言家庭教育对学校教育的冲击以及家长教育的任重道远，简老师还分享了心理学家张梅玲教授对家长的箴言，陈秋珍老师分享的是培养学生礼仪习惯的重要性……谈到现在有些家长对学校老师的不满和极端错误的教育观念时，我让詹雯副校长分享了让她义愤填膺的一个亲身经历。是啊，现实让家长学校的价值更为凸显，也更加坚定了我们的信念，我们不奢望能改变一切，但是我们已经看到了希望，看到了成果，这成果让我倍感欣慰，倍觉温暖，冼村小学的家长值得我点赞！

"让我们继续共同努力，续写冼村小学美行故事，让每一个故事温暖我们自己和我们身边的人，让每一个故事美丽我们自己和我们身边的人。"

2015 年 3 月 1 日

不能忘却的记忆

六年前，因为学校档案上省特级，我们几经周折，通过退休教师找到了她——迄今为止，在冼村小学担任校长时间最长的何竹筠校长，那时，她已经年逾古稀。

退休老师告诉我，她是一位非常优秀的语文老师，曾经上过全市的教学观摩课。她也是一位非常有个性和魄力的校长，"文革"期间，她曾经一肩挑起由冼村、猎德、杨箕三所学校合并的冼猎杨小学，把学校管理得井然有序。

当时，我和工会主席陈楚阳去拜访她。因为早有预约，她热情地将我们引进客厅，先是打听学校的近况，继而告诉我们她一直关注着学校，很希望听到学校的哪怕一丁点儿消息。她走过多个单位，但最让她倾注深厚感情的是冼村小学，毕竟这是她教学生涯的第一所学校，也是她担任校长时间最长的一所学校，是陪伴她度过了人生中最宝贵的青春年华的一所学校。1957 年至 1974 年，17 年的光阴，人生中有多少个 17 年呢？

她的精神状态很不错，声音虽然略显苍老，但柔和有力，如果她不说，谁也想不到她是一位在好几年前曾经做过喉癌手术的老人。她告诉我们，手术后，为了防止自己声带退化，天天坚持发声练习，遂开始学唱粤剧，因此结识了一帮粤剧爱好者。认识了一些粤剧大师，继而水平大进，竟然成了小区的粤剧导师，掀起了小区的粤剧热。我们去的时候，家里聚集了好些趣味相投者，他们正沉浸在自己抑扬顿挫、如醉如痴的演唱中。听说学校开办了粤剧兴趣班，她高兴地连声称"好"，欣然应允改日到学校和孩子们同台"竞技"。

她利索地翻找出了自己的"历史记录簿"，跟我们讲述着学校的故事和她的故事。在她的讲述中，我们看到了风雨飘摇中的校舍，看到了淳朴敦实的学子，看到了充满生机的校园活动……在她的讲述中，我们了解到百废待兴的学校举步维艰的窘迫，了解到老师们对学校教育的执着，了解到学校当时的历史地位……在她的讲述中，我们得知她是当时为数不多的优秀师范毕业生之一，继而成长为优秀的语文教师、教导主任、校长，让这所原本名不见经传的学校享有一定的声誉。"文革"结束后她调至华师附小，不久到先烈东路小学担任校长，最后调至越秀区教研室，退休前是越秀区教研室主任。

此后，我们通过几次电话，每一次在电话中她都热情地邀请我们到她儿子开的 KTV 去唱歌。有一年教师节，她寄来了赠券，并附上一封信，盛情邀请我们全校老师前往。但是，老师们忙于工作和家庭，终究没能成行。

去年 12 月 31 日上午，是学校 80 周年庆典的日子。当我向她发出邀请时，她欣然地答应前来，还说要捐 5 000 元给学校。当我提出学校会安排车辆去接她时，她婉言谢绝了，她说学校这天一定很忙，她会在保姆的陪伴下乘坐出租车过来。感动无以复加，我唯有不住地道谢。

12 月 31 日上午，各方宾客纷至沓来，喜气盈盈的人群中，我一遍一遍地搜寻她的身影，我幻想着她从停在学校门前的出租车上下来，朝我挥手。但是，我失望了，心里直为老人家惋惜。就在前一天，我接到她的电话，她在电话里告诉我，她的先生身患绝症，几乎毫无知觉，被送进了重症监护室；医院发出了病危通知书，远在国外办事的儿子也被召了回来。如果先生能渡过难关，她必定会赶来学校，如果先生没有好转的迹象，恐怕不能过来了。她向我表达自己的愿望，同时也不忘向我表示歉意，让我不知说什么好。期盼中的身影未出现，难道她的先生……我不敢想。

2015 年元旦那天晚上，我准备打电话给她，一时间竟然没有找到电话号码，但是我又担心……如果真是那样，我该如何安慰她老人家呢？于是，我就向她先生的一位学生询问，果然，她的先生已经"走"了。我不由感到悲痛，也十分惋惜。他的先生是广东省语文特级教师，在广东省乃至全国都享有极高的声誉，我多次聆听过他的讲座。早年在银河小学，因为当时的校长与他私交甚好，曾多次邀请他到学校指导教研，作为教导主任的我有幸同桌就餐，零距离接受他的教诲。

当我把这个消息告诉行政班子时，大家一番唏嘘之后，都为何校长担忧。我想，对于何校长，这是一个怎样的打击呢？

放假前（1 月 31 日），我想她的心情应该平复了吧。于是，我拨通了她的电话，仔细地辨认她的声音，确认几乎没有变化，揪紧的心才渐渐松弛。

我们一早就确定好了，倘若她庆典没来，我们就去探望。

得知她在广州的家的地址，我、永珍、端燕带上学校的宣传资料，一同前往。走进熟悉的花园，步入熟悉的客厅，眼前的何校长依旧那么热情，见面第一句就是为没能参加学校周年庆典表达歉意和遗憾，老人家完全是为别人而考虑的。她亲切地握着我的手，我也就这样被老人家握着，感受着她的温暖。坐定后，何校长告诉我们，她的先生恰恰就在我们校庆那天下午离开的，她还讲述了他先生不留骨灰、不发讣告、不搞仪式的遗言和学生们在医院照顾老师，为缅怀老师举办追思活动的过程，时而平静，时而感动，言语间流淌着自豪和欣慰，让我们对二老心生敬意、心怀敬仰。

她拿出了一个信封，上面潇洒地写着"捐给冼村小学80周年校庆"，我知道这是她上次说的"5 000元"，我倒是希望她忘记了。我们再三推辞："您已经为学校的发展付出了十几年的心血，为学校作出了巨大的贡献。学校能有今天的辉煌，应该感谢您，报答您的辛劳，怎么还能让您继续付出呢？"何校长的原话我忘记了，但她不依不饶，不容商量，毅然决然的态度让我感觉到如果再推推搡搡倒显得不近人情。

我们聊了学校的现在和过去，她关切地询问学校的粤剧班，还为我们拿出一些粤剧的光碟，兴致勃勃地分享她指导儿童粤剧班的经历。我们也聊了一些家常，当然主要是她讲我们倾听，话语中，我们对这位83岁的老人多了一分了解、一分钦佩。

告辞的时候，或许我们的注意力都集中在话别上，彼此都忘记了茶几上的信封。

刚走出小区大门，手机就响了，我有预感，一定会是何校长！果然。"你在下面等着，我让保姆送下来"，没有商量的余地。我们只能乖乖待命，不忍心负了这位83岁的老人。

如今，那个沉甸甸的信封依然还在，那份不容阻止的温情恒久留存。每每想起这位老校长慈祥的面庞，想起这位优秀教师和教育管理者走过的艰难和辉煌，想起她掷地有声的言语和对生命的执着和顽强，我就能感受到一股不可抗拒的力量，一种不可推辞的责任，对自己，对学校！

何校长对学校的深情厚谊，无论我、教师、学生都不容忘却！

此时，想起她，唯有感动，唯有祝福！

2015年3月20日

三 遇见可亲的家长

每一年新生家长培训，我都要对家长们说一段同样的话："我们应该是最亲密的朋友、最好的搭档，因为我们是在做一件完全一样的事情，我们的目标是一致的：孩子的成长。"因此，每一年遇到新生家长，我皆怀抱着"有朋自远方来，不亦乐乎"的心境迎接他们。我希望尽自己之力，成为家长最可信赖的帮助者。我相信，和家长的遇见也能成就美好的回忆。

做家庭教育的引领者

"教育的效果取决于学校和家庭的教育影响的一致性。如果没有这种一致性，那么学校的教学和教育过程就会像纸做的房子一样倒塌下来。"每一名教育工作者看到这段话的时候，都一定会产生强烈的共鸣，而说这段话的人就是为教育工作者所景仰的杰出的教育家苏霍姆林斯基。

曾经，苏霍姆林斯基在我的心目中不权是爱的化身，而且是学校管理的行家和儿童教育专家，更是一位呕心沥血、充满智慧的大家。想不到，他对于学校教育和家庭教育的关系也阐述得如此入木三分。

事实正是如此，如果光有学校教育，没有家庭教育，或者家庭教育和学校教育背道而驰，那么学校教育注定是要失败的，何谈优秀人才的培养？"$5+2 \leqslant 0$"早已成为无须论证的公理。

因此，家庭教育显得尤为重要。但是，家庭教育由谁去指导最为适宜呢？学校责无旁贷。或许有人会说，学校的工作已经够忙碌了，哪顾得上？能管好自己的班，上好自己的课就足够了。退一步说，就算能顾上，难道优秀的教师就一定是优秀的家庭教育指导者吗？教师的科学理念和教育方法又该如何去获得呢？

我听过很多老师埋怨家长不配合，我看过很多老师当着孩子的面责备家长。刚到这所学校的时候，一谈到家长，大家纷纷摇头，甚至无可奈何地叹息。那时，我就暗暗下定决心，不能任其发展下去，一定要扭转这种局面，一定要转变家长的观念，一定要为教师的教育教学消除阻力、输送正向的力量。

于是，在每学期至多两次的家长会之余，我召开了各个年级的家长会，为各个年级的家长讲课。当然，讲课的内容都是事先准备好的，有身边的案例，也有来自书中的故事。不知道是我的真诚感动了家长，还是授课的内容让家长觉得言之凿凿，受到震撼。总而言之，我感觉到家长离开课室的态度、表情和来时截然不同，有的家长甚至纷纷握着我的手，显得触动很深。

应该说，这就是真正的家长学校的萌芽吧。"家长学校的任务是不断地提高父母们的教育修养水平。""我们认为极其重要的一点，就是要使'设计人'的工作不仅成为教师的事业，也要成为家长的事业。"从那以后，我备受鼓舞：只有教育好了父母，才有可能教育好孩子。

当然，我不敢期望每一个家长都因此而改变，我不敢期望每一次讲座或活动能让每个家长都满意或者有很大的受益。但是，我相信，只要我们努力去做，总是会有改变的，哪怕不是明天，也不是明天的明天，但是，总有一天。我相信，"精诚所至，金石为开"。

后来，我们坚持做了下来，越来越多的家庭教育专家走进了学校。再后来，我们不断学习和思考，不断调整思路。于是，有了家长开放日，有了集体家访，有了亲子运动会，有了新家长学校，有了亲子阅读，有了班级QQ群，有了微信群，有了根据学校办学理念而命名的"昭明美行"微信公众号……

现在，我们的资源越来越多，有来自省市的专家，有热情加入的家长义工，有就地取材的社区、社工力量，当然，还有一支特殊的由我发起的"北大妈妈讲师团"。当我做这一切的时候，我觉得离家长很近，我能倾听到家长们发自内心的声音。我相信，学校的老师也有感觉，如节假日和家长们一起带着孩子参加综合实践活动的张赤芸老师，如及时向家长介绍育儿经验的苏茵老师，如及时约谈特殊孩子家长的陈秋珍老师……她们理解家长的需求，真诚地为家长分忧解难，不仅构建了良好的家校互动关系，还融洽了亲子关系。

作为教育工作者，只要自己能不断学习和思考，掌握科学的教育理念，掌握教育教学规律，掌握儿童心理特点和年龄特征并不是一件困难的事情。因此，只要我们有扎实的专业素养，有一颗真诚而乐于付出的心，引领家长，得到家长的支持也不是一件困难的事情。

"享受教育，守望成长，体验成功"，这是我的教育理想，我愿成为学校家庭教育的引领者，与更多家长在教育的途中相遇。

2014 年 10 月 4 日

谋划已久，付诸行动

今天做了谋划已久并且列入日程安排的一件事：一年级家长和家长委员会成员共同参与的培训。这意味着我校本学年"六大工程"之一的"家校工程"进一步深化，也意味着教师、家长互动培训正式拉开了序幕。

学期初，我们就筹划着如何增进家校之间的沟通，如何切实地帮助家长解决在教育孩子过程中的"疑难杂症"，如何通过家校这一平台，构建家校教育共同体，实现学校的教育理想。

以往的培训，我们几乎都是邀请专家，通过专家的思想和言语帮助家长理清一些困惑，提供一些可操作性强的行动指南。但是，家长究竟需要怎样的帮助？专家的讲座和指南是否屡试不爽？后续的需求如何跟进？专家的时间与学校的时间如何对接？这些都给我们留下了无尽的思考。

得知我的孩子考上北大，家长们纷纷动员我与他们分享教育孩子的经验，同事们也极力地怂恿，让我在校本培训的时间进行育儿讲座，甚至有些学校的校长也抛出橄榄枝，邀请我到他们学校去跟家长们面授机宜。对于这些鼓励和客套，我当时也没有为之所动。直到一年级学生入学以后，直到我们思考本年度工作计划的时候，直到不断接到这里那里的家庭教育讲座简章，我才灵光一闪：身边最生动、最亲切的成功案例不是更容易让家长信服吗？我当然算得上是成功的家长，还有我们学校的副校长、教导主任、总务主任，还有几位班主任老师，他们的孩子都很优秀，他们也是成功的家长。尽管其中有些老师的孩子还是蓬头稚子，但是他们也积累了很多宝贵的经验，指导家长教育孩子完全没有问题。前教育部副部长柳斌不是说过吗？一位优秀的班主任就是一位教育家。

思想是行动的先导。一个好的想法产生之后，要有具体翔实的计划，接下来就是有条不紊、踏踏实实的行动。

我们对一年级的家长发放了调查问卷，以期了解家长们的困惑和需求。当时因为是刚刚入学，家长们的关注都集中在孩子对学校生活的适应上，以及对孩子进入小学这种新鲜感的体验上，所以家长们提出的实质性问题比较少。现在开学已经两个多月了，该出现的问题也暴露了，家长应该有很多感触。

七月底新生培训的时候，教导主任就"如何让孩子适应小学生活"已经对一年级的家长进行过一次语重心长的互动和分享，家长的反响极好。

今天的培训主题和培训内容我在两周之前就准备好了，前天晚上做好了演示文稿。意料之外的是，偌大的功能室不仅座无虚席，而且走道和前面都坐满了家长，后来的家长只有站在阶梯式后门的门口。让我感动的是，一个小时他们就这么站着（其实前面有凳子），而且自始至终都是那么专注。

整个过程，几乎每一位家长都是聚精会神，又看屏幕，又记笔记。此时想来，特别欣慰、特别感动的是，一声手机铃音都没有响起过。

讲座结束后，我提议家长把自己的困惑和建议写下来，目的是确定下一次讲座的主题和内容，保证我们培训的实效性和针对性。现在我的面前就放着十几张写着家长心声的纸条。

让我们来分享其中的几条：

（1）家长培训可以做成体验式。通过一些体验的游戏和故事、音乐，让家长与学校、家长与家长进行互动。我是一年级三班×××的妈妈，我希望能加入家长委员会。

（2）希望学校能讲讲怎样培养孩子的学习兴趣。

（3）我的小孩的缺点是注意力不集中，粗心，好动，有什么办法去引导他呢？渴望得到校长和老师们的指教！THX！

（4）张老师推荐的郑委老师的视频《不伤害，不妨碍》很有意义，建议推荐给小孩、家长共享。

会后，我将家长委员会的成员留了下来，一是听取他们对学校工作的意见，希望他们为学校建言献策，并做好督促和监督的工作；二是将我的《放风筝》送给他们，人手一本。谁知，外面的家长获悉后，纷纷向我索取，一些读过此书的家长也不由主动交流体会。一位家长还问我，怎样才能加入家长委员会，她要申请加入家长委员会。

家长们听课时专注的神情（包括有几个祖父辈），家长们对学校的关注和支持，家长们发自内心的感激之词，一定会化为学校工作源源不断的动力。

接下来的培训，我们会邀请家庭教育资深专家，我们会请出我们学校的老师，我们也会邀请家长。而我们的形式也不局限于一言堂，会有漫谈式、沙龙，也有读书交流、分组讨论……总之，既要有鲜活充实的内容，又要有不拘一格的形式。

哦，对了，今天的培训主题是"为孩子创设怎样的环境"。

2011 年 10 月 26 日

透过家长培训活动反馈表

在 11 月 25 日的"家校协作，党员先行"的校本培训中，我们向家长发放了"家长培训活动反馈表"，今天厚厚的一叠家长"作业"摆在我的案头。

反馈表设计了一个封闭性问题和四个开放性问题。

一个封闭性问题是：对这次活动的满意度。备选的选项有：（1）很满意（　）；（2）满意（　）；（3）不太满意（　）。我没有遗漏任何一张，每一张的答案都是相同的，家长们都在"（1）很满意"的（　）内画上了"√"。我从家长的表情中料想到家长会感到很满意，但是我没有想到竟然达到 100%。

四个开放性的问题分别是：您觉得自己在家庭教育中有哪些成功之处？您觉得自己在家庭教育中仍存在着哪些困惑？您参加本次活动有何心得与体会？您对本次及以后此类的活动有何意见与建议？

问题一旨在了解家长在教育孩子的过程中积累的经验，这些经验在以后的培训中就是来自家长的宝贵的资源，这些经验会被用来分享与推广，这些家长会被请出来作为培训的"导师"。

问题二旨在了解家长在教育孩子的过程中存在的问题，了解这些之后学校才能够有的放矢，针对问题进行梳理、整理和归类，有针对性地设计下一次或下一阶段的活动内容，切实为家长分忧解难，让家长在培训中受到启发，得到帮助。

问题三旨在具体地了解家长的收获有哪些，同时也是对我们本次活动效果的评估。

问题四体现了我们真诚希望真切地听到家长的声音。"三人行，必有我师焉。择其善者而从之，其不善者而改之"，我们渴望吸纳来自家长的智慧，改进培训的内容，创新培训的方式，让培训既扎实有效，又轻松活泼。

欣赏着家长们工整的字迹，看着绝大多数表格中充盈的内容，读着家长饱含真诚和感激的文字，我既感动又欣慰。感动的是，家长内心充满着对学校和老师所做工作的理解与感恩；欣慰的是，家长对培训机会很珍惜，对培训活动能提出自己的真知灼见。学校和家长之间达到了坦诚相见、肝胆相照的境界。

透过问题一，我们看到家长对孩子的教育越来越用心，也越来越意识到孩子

的个性和品德的形成的重要性，具有正确的、现代的价值观。有的家长认为自己最成功的地方就是教会了孩子懂得分享和自律；有的家长认为自己最成功的地方就是孩子能按时完成作业，早上起床准时且能整理自己的内务；有的家长认为自己的得意之处就是能通过一些传统的故事教育孩子吃苦耐劳、与人为善、诚实有礼……并且能采取合理的或者适合教育孩子的方法。例如多表扬孩子；对于孩子的错误，也要及时批评，让他知道错在哪里，及时改正；培养孩子爱运动、爱学习等。

透过问题二，我们看到一些家长为孩子的不良习惯而苦恼。主要集中在孩子做作业不专心，注意力容易分散，容易疲劳；小孩经常粗心；小孩任性，容易发脾气。这些问题也是当今孩子较为普遍的问题，该如何帮助家长呢？值得我们去研究。

透过问题三，可以看到家长对本次活动是称赞有加的。"正如校长所言：'八仙过海，各显神通'，更多谢各位老师的辛勤与费心。""沟通—理解—计划—满意。""我参加本次活动，真可谓'听君一席话，胜读十年书'。借鉴不同学科的老师、教育专家及家长们的育儿经验，结合自己女儿的特点，灵活运用，真的管用！""通过本次专题讲座，多位优秀老师的精彩演讲，作为家长听后受益匪浅，更能指导我以后在家庭教育中更好地启发、引导我的孩子有兴趣地学习，从而引导孩子在学习中遇到困难应如何去克服。"

透过问题四，足以感受到家长的关切与呼声。"本人很满意此次教育专题讲座。建议学校以后能多举办此类交流活动。我们家长将极力配合学校老师们的教学工作，共同培养孩子，使其将来有美好人生！谢谢！""我对学校组织这样的活动很赞成。老师、家长、专家互动非常好，继续办下去，对我们的孩子的教育是帮助很大的。""①适时多举办；②可探讨对孩子较好表现的表扬形式；③收集探讨阻碍孩子学习进步的原因和解决的方法。""再次感谢老师和专家的付出。像这样好的活动，有机会多举办几次。特别能使孩子在思想上、心灵上、德行上更有兴趣地学习。""我建议：采用论坛形式，抓住家庭教育中存在的共性问题，进行互动式交流。如在会前给家长信息：我们这个月的家校互动话题是'怎样培养孩子自我控制的好习惯'，届时家长们围绕此话题畅所欲言。最后学校总结归纳。教无定法，家长们能去深思怎样教，怎样教？我想这就是学校开展校本培训的最终目的。""建议同班的学生家长可以组成一个群，可以互动了解学生在学校班级里的情况，班主任是群主。建议学校可以每隔一个月分别开父亲和母亲家长会，这样可以根据不同的责任作一些强调与交流。"

虽然内容不尽相同，但几乎每一张上面都有共同的字眼，那就是感谢和希望此类活动能延续下去。

我们的内容是丰富的、贴切的、鲜活的，我们的形式是变化的、立体的、灵动的。面前的一份份真情流露的活动反馈表，犹如家长们一个个真切的希望，一颗颗诚挚而滚烫的真心，沉甸甸的！但分明又看到了担当，看到了家长和老师们参与的热情，我顿时感觉到神清气爽、如释重负！家校共同体，明天的太阳！

2011 年 12 月 7 日

逛街时，面对哭闹的孩子

——再说延迟满足

喝茶闲聊时，谈大姐抛出一个问题，这个问题来自她的同事。某天开会前，一位年轻的妈妈向谈大姐述说自己的苦恼：某次带 1 岁多的孩子上街，孩子喜欢上了一双鞋，可是这双鞋给孩子穿太大了，但孩子就是抱着不放，"执意"让妈妈买，无论妈妈怎样劝说，小家伙就是不答应，竟然还哭闹不休，让妈妈很是难堪。当然，不仅仅是买鞋，看到喜欢的玩具也是如此。面对哭闹的孩子，妈妈束手无策，这不，向经验丰富的家庭教育专家请教来了。无奈，会议已经开始了，他们各自找到座位，散会后又各自回家。今天，谈大姐又提及"面对哭闹的孩子该怎么办"。

教育讲究的是因材施教，对症下药。我们要思考的是，为什么孩子会哭闹不休，且反复出现类似的行为？因为这是孩子的"撒手锏"，孩子的经验告诉他，只要哭闹就可以满足要求。于是，哭闹就成为他达到目的的手段。这种意识起源于襁褓，孩子饿了，便会啼哭，一哭妈妈就会在第一时间送上甜美的奶水。当然，身体不舒适的时候也会哭闹，哭闹过后会得到更多的照顾与呵护，获得舒服、满足的感觉。久而久之，哭闹与满足构建了条件反射，孩子潜意识中的信息就是：哭闹可以得到满足，且学会了迁移。于是，无所不用其极，从买玩具、买衣服到有求必应……有的孩子甚至抓住家长的心理弱点，偏偏选择在人多热闹的地方，让爱面子的爸爸妈妈在众人的眼光下，在无形的"社会压力"下丧失原则，彻底屈服。

小到一件玩具、一双鞋，大到任何无理的需求，甚至一发而不可收拾，让家长悔不当初。这是孩子的不是，还是家长的问题？毋庸置疑，孩子的问题就是家长的问题。如果家长能及早提防，如果家长能及时教育，我们不希望出现的后果是完全可以避免的。

这让我想起心理学延迟满足的实验。心理学家把一些4岁左右的孩子带到一间陈设简陋的房子，然后给他们每人一颗非常好吃的软糖，同时告诉他们，如果马上吃软糖，只能吃一颗；如果20分钟后再吃，将奖励一颗软糖，也就是说，总共可以吃到两颗软糖。有的孩子急不可待，马上把糖吃掉了；而另一些孩子则耐住性子，闭上眼睛或头枕双臂作睡觉状，也有的孩子用自言自语或唱歌的方式来转移注意力消磨时光以克制自己的欲望，从而获得了更丰厚的奖赏。心理学家继续跟踪研究参加这个实验的孩子们，一直到他们高中毕业。跟踪研究的结果显示：那些能等待并最后吃到两颗软糖的孩子，在青少年时期，仍能等待机遇而不急于求成，他们具有一种为了更大更远的目标而暂时牺牲眼前利益的能力，即自控能力。而那些急不可待只吃一颗软糖的孩子，在青少年时期，则表现得比较固执、虚荣或优柔寡断，当欲望产生的时候，无法控制自己，一定要马上满足欲望，否则就无法静下心来继续做后面的事情。换句话说，能等待的那些孩子的成功率远远高于那些不能等待的孩子。

简单地说，这个实验给我们的启示就是，要培养孩子的意志品质和判断力，要让孩子禁得住诱惑，学会等待。当今社会，无论是爷爷、奶奶还是爸爸、妈妈，几乎都唯恐孩子受一点委屈，尽力地满足孩子的需求。这样做，表面看来是爱孩子，其实是害了孩子。一是让孩子养成了养尊处优的品性；二是让孩子性情浮躁，缺乏进取意识；三是一旦孩子的需求无法满足，孩子就变得粗暴或者做出无法控制的事情。

作为父母，明智的做法是：

第一，满足合理的需求。我们也不能一味地"延迟满足"，例如孩子饿了，该吃就吃；孩子不舒服了，该抱还抱。应建立正常的亲子依恋关系，满足孩子正当的生理需求和情感需求，否则容易让孩子缺乏安全感，不利于孩子心理健康发展。

第二，给予正确的疏导。在生活中要善于引导孩子，让孩子懂得哪些东西该属于自己，哪些东西不该属于自己；属于自己的东西应该怎样去争取。家长要让孩子逐渐学会正确的价值判断。

第三，有意识地"延迟满足"。不能对孩子百依百顺，有时还可以故意"为难"孩子，考验孩子。譬如，孩子看上的一件衣服，改天去买；孩子爱吃的零食，慢慢享用；孩子喜欢的一本课外书，细细品味，每天都有期待。

第四，良好的榜样和坚决的态度。家长也要做一个善于等待、善于克制、努力追求成功的人，为孩子树立优秀的示范作用。当孩子提出过分的要求时，必须毅然决然地拒绝，有理有据地说明理由，不要让孩子感到有回旋的余地。

在这个物欲横流、遍地快餐文化的时代，在这个浮华躁动、急功近利的世界，能否把握自己取得成功，这一切，就从孩提时上街哭闹的那一刻开始……

2015 年 2 月 5 日

以万变应万变

不经意间，昔日的"小豆丁"倏然长大，正在陶醉、享受为人父母的成就感时，诸多家长也为日渐长大的孩子苦恼，他们不清楚当初那个颔首听命、顺从黏糊的孩子怎么就公开与自己唇枪舌剑，甚至形成了一种针尖对麦芒的气势。当初亲密无间的亲子关系，出现了斑斑驳驳的裂纹。

那天，我的 QQ 好友发来一条消息："自上高中以来，小孩的转变让我无所适从，有时真是很苦恼。"

作为过来人，我很理解这位母亲的感受，也希望能为她分忧解难。

家长告诉我，孩子在小学、初中时都很听话，不知怎么一上高中孩子会有这么大的转变。"平时跟他说的话，就是不听，他就是一意孤行，结果……"

一意孤行？

她说，孩子偏科很严重，只喜欢学文科。期中考试他的理科都在 85 分以上，期末考却只有勉强及格。文科还不错，当孩子拿着成绩单给妈妈看时，妈妈一看儿子的理科成绩是那么"刺眼"，脸色即刻阴沉下来，她没好气地对孩子说："文科好有什么用！理科这么差。"

她还怀疑自己当初让孩子选择这所学校是不是一个错误，她说学校优秀的孩子太多了，孩子一定感到压力很大。

从妈妈的叙述中，我得知孩子将来准备选考文科，还得知孩子其实学习是很勤奋的，期中考试在年级中排上了 100 多名，面对妈妈提出请学长为自己补习数学的建议，孩子接受了。

虽然我掌握的信息不够全面，但至少可以揣测：孩子其实对自己的未来是有想法的，刚上高一就能做好未来规划，明确方向，作出选择文科的决定，由此看出孩子的心态是积极的。何有此说？孩子希望将所有的精力和时间都放在自己擅长的学科，而且又是未来高考的学科上；孩子虽然觉得自己对数学没有感觉，甚至厌倦，但是依然没有放弃，希望能得到进步。基于这两点，妈妈应该为孩子感到欣慰。另外，孩子自觉学习的态度也是值得肯定的。

我建议妈妈对孩子多一点赏识。首先，孩子能顺利考入这所学校，是多少孩子和家长羡慕的；其次，孩子能及早确定方向，制定策略，是一个有主见、善于规划的人。最后，孩子能自主安排学习时间，具有学习自觉性。

我建议妈妈对孩子多一点理解。孩子在小学、初中都是学校的佼佼者，到了高中，强手如林，精英荟萃，难免会有一定的压力，性情也会有所改变，作为家长应该与孩子同理、共情，帮助孩子顺利适应新环境，调适学习、生活状态，放开心胸。

我建议妈妈对孩子多一点冷静。当孩子的表现低于自己的期望值时，妈妈一定要冷静，"冲动是魔鬼"，急躁起来往往容易出口伤人。例如："文科好有什么用，理科这么差！""你不听我们的话，才会有这样的后果。""我怎么会有你这样的儿子。"……一味地责备或者强迫孩子听从自己的主张，亲子关系势必火星迸发，甚至恶化，孩子也会越来越消沉或逆反。冷静，才有可能让对话继续下去。

孩子在成长，家长也应该成长。在孩子小时候，家长更多的是扮演老师的角色，对懵懂的孩童循循善诱，偶尔也使用"威逼利诱"，让孩子迫于权威而屈从，这就是家长眼中的"听话"。孩子长大了，尤其是上了高中，人格更加独立，思想更加成熟，如果家长依然用过去惯常的招数来达到自己的目的，那就太低估孩子的发展了。如果真是那样，那将来一定让家长更加苦恼。

做家长是一门永远的学问，每个版本都不相同，只有我们不停地思考和学习，不停地修炼和调整，以万变应万变，见招拆招，亦师亦友，才能给予孩子力量，成为孩子成长的促进者。

2015 年 2 月 7 日

埋怨孩子不如反思自己

——面对青春期的孩子

　　几乎每一位父母都曾为孩子的不良行为烦恼过，有的父母是劈头盖脸地一顿打骂，有的父母唯有无奈地摇头叹息，有的父母视而不见听之任之，有的父母则能因势利导扭转乾坤。

　　孩子读初二的时候，进入了叛逆期——正确的说法是进入了青春期，叛逆的特点日渐显露，不再像过去那样接受父母的意见。最让我们忍受不了的是头发长了不愿理，还修剪成我们看不惯的"怪异"发型，跟过去我们在街上侧目而视的"小混混"差不多，而且每天出门前都要对镜梳妆，在头发上抹上摩丝或发蜡，甚至还将它们放在书包里，那不明摆着在学校随时都要关注自己的头发，整理自己的头发，那要花多少的心思呀！我们规劝过几次，可是每次都仿若微风轻拂过，没有丝毫的涟漪，让我又急又无奈。他爸爸可耐不住了，义正词严地指责儿子的行为，有一次因为言辞过激，情绪过火，竟然用手指着儿子，儿子并不示弱，剑拔弩张地还击，他爸火了，一个巴掌就要过去，儿子可是眼疾手快，一挡就挡住了。我赶紧将先生拉开，教育了儿子几句，现在想来似乎是一些尊重父母之类的话。

　　儿子像我小时候，是个不记仇的人，当然父母和孩子之间是没有"隔夜仇"的，但是做父亲的一时间还是很难理解儿子：想当初我经历青春期的时候也没有这样让父母头疼。我对先生说："我们一定要冷静地、理智地控制自己的情绪。现在，你身体强壮，你比他高大，你可以用武力征服他，但是我们驾驭不了他的心。况且，再过几年他长大了，比你强壮、比你高大，你能征服他吗？"接着我对先生讲了几个案例，第一个是某教授的儿子将父母亲都杀害的惨案，第二个是一个初中生在上学之前竟然走进父母的卧室将一杯开水泼向了正在做梦的父亲。这两个案例中的父亲都是采取了极端的教育方式，用指责、打骂、侮辱人格的方式来对待孩子，导致孩子充满仇恨、人格扭曲，最终酿成惨剧。孩子犯下了不可饶恕的罪过，可是罪魁祸首又是谁呢？尽管这两个案例是个别，但是社会上因为家庭教育导致的失足少年又有多少呀?

做父亲的感到迷茫,儿子怎么会这样不服管教?是呀,孩子怎么会这样?这是我们首先应该分析的。我相信"人之初,性本善",孩子小时候一直都是极可爱的,我们也很尊重他的自主性,家庭氛围是温馨而幸福的,怎么一下子似乎变成了陌生人,让我们难以接受!但是,无论如何,孩子就是孩子,他还只有13岁,他的一切行为难道不该我们来承担吗?所以,我们对此责无旁贷,我们要反思自己的教育在哪里出现了问题。后来,我们调整了心态,主动且轻松地和孩子沟通,向老师了解孩子和他的同伴的情况,在双休日和孩子一起到学校去打球,一起外出旅游,调适轻松愉快的家庭氛围……除了头发的问题,其他没有任何异样。这一段时光就这样有惊无险地过去了。那一段时间,我们真是惆怅无比、紧张无比。啊,一切都雨过天晴!

青春期是孩子的"心理断乳期",也是父母成长的关键期。作为父母,除了了解孩子生理上的变化,一定要了解青春期孩子的心理变化:

(1)自我意识在这一时期出现质的变化。青春期的孩子对于"自我"的体验和感受前所未有地清醒。如果说,儿童对自己的认识和评价基本是服从成人意见的,那么,青春期的孩子则完全不同了。他们对自己产生了强烈的兴趣,热衷于思考自己的优点、缺点、特点等,显得十分"自恋",同时又经常夸大自己的缺陷,因为自己不够"完美"而沮丧。

(2)独立性增强。进入青春期的孩子总是希望得到他人的承认和尊重,希望摆脱成人的约束,渴望独立。

(3)感情的变化非常显著。他们既"多愁善感"又"喜怒无常",这常常令我们家长手足无措。感情的多变与感情的深化是共同发生的,在这一时期,孩子们已经开始产生和感受到许多细腻复杂的感情。

(4)开始关注同龄人之间的交往。同龄人之间的关系是这一时期生活中十分重要的内容。任何一个青春期的孩子都不可能脱离同龄人的影响,总是将彼此之间的交往与认可看得极为重要。

只有了解才有理解,孩子看似反常的表现却是成长过程中的必然经历,如果任何时刻都是风平浪静的,缺失了该年龄段应有的特征,未必是一件幸事。庆幸我们曾经"惊心动魄"的心理历程,庆幸我们终究感受到了孩子的心,读懂了孩子的行为。孩子的教育和引导需要父母的包容和理解,更需要父母的智慧和艺术。

因此,当孩子出现你认为不可思议的行为或想法时,你一定要冷静地想想,为什么会这样?解决问题的最佳方案是什么?不论是青春期还是任何时候。

很多家长对孩子的行为习惯感到苦恼，譬如孩子做作业拖沓，注意力不集中，吃饭拖拖拉拉，测试的时候总是因为粗心而漏洞百出，在家里爱发脾气……其实，解铃还须系铃人，只要家长用心观察、揣摩，并采取相应的干预措施，总会找到解决问题的办法。

2012 年 2 月 21 日

不该出现的风景

节奏明快的音乐响起来了，一个个躯体灵动起来、活跃起来。虽然气喘吁吁，但掩盖不住的是欢快和轻捷。同学们都在做操的位置开始跑步，他们从北往南，跑成了一个扁扁的环形，这是体育老师的妙招。

走过主席台，某班的前面竟然站着五六个孩子，经询问原来有的是腿受伤了，有的是家长不让跑（其中三个）。再巡视左右，每个班都有几个静静站着的孩子，原因只有一个——家长不同意。站立的同学形成了一道另类的风景，这是一道刺眼的风景，一道不该出现的风景。

第一届羊城国际马拉松大学生猝死事件一经报道，引起了强烈的反响，接着媒体接连报道了多所学校的学生在运动中猝死和晕倒的事件，引发了对学生体质、对学校体育工作、对高考和中考体育项目及其标准的热议。

学生体质整体水平下降是不争的事实，作为家长对孩子参加体育锻炼存在隐患的担忧也是完全可以理解的，但是，据此就不让孩子参加跑步（中、低速度，时间为六分钟左右，全程 600 米）和其他的体育锻炼，是不是又走向了另一个极端？

从明年开始，中长跑被纳入了体育中考项目，男生 1 000 米，女生 800 米。没有健康的体质，没有坚持训练，怎么能达到一定的标准？

学校的体育课、大课间运动并不算剧烈，强度也不大，学生一周有五天的时间在学校，如果这些都放弃，那么孩子的运动量怎么能保证，孩子健康的体格怎么能保证，孩子对疾病的抵抗能力又怎么能保证？

家长为什么不同意？

是对孩子的身体状况缺乏信心？孩子确有先天性的疾病诱因？

是对学校的要求不甚明了？

是对中考信息和国家重视程度的漠然？

是担心孩子苦着、累着？

德、智、体、美全面发展，作为家长应该是首先希望拥有一个身体健康的孩子，但不经历风雨怎能见彩虹？希望家长能意识到体育锻炼对健康体魄的重要作用，希望家长能意识到体育锻炼除了增强体质还有更加重要的意义：孩子的思维、孩子的个性、孩子的情绪、孩子的意志……希望家长能提高"狠"来爱孩子，希望除了学校的体育锻炼，家长还应该有意识地采取实际行动，在假日里带上孩子一起去运动。

愿不该出现的风景不再出现！

家长的责任

家长的责任就是让孩子幸福！

幸福是什么？读过一本书《幸福的方法》，作者是怎样理解幸福的呢？幸福就是意义和快乐的结合。简单的语言、精辟的词语道出了幸福的真谛！

作为家长，其责任难道不是让孩子幸福吗？而让孩子幸福的原则不就是让孩子在快乐中做有意义的事情或者在做有意义的事情中感到快乐吗？那么具体来说，家长该如何履行自己的责任呢？

其一，为孩子提供一个良好的物质环境。包括满足孩子的安全需求和生理需求，让孩子有舒适感。这是常理，也是伦理，是作为父母责任的底线。

其二，为孩子提供一个安全的心理环境。当我们的角色还停留在女儿和儿子的时候，我们可以率性而为，随心所欲，可以毫无顾忌地发脾气，可以粗俗地诋毁你的另一半，可以任由房间凌乱不堪，可以慵懒地睡到日上三竿，甚至可以夜夜笙歌。可是，既然为人父母了，你拥有了更大的权利，也承担了相当的责任。作为孩子的镜子，你需要有规律的起居，需要让自己变得和颜悦色，需要唤起童心和孩子一起游戏。

更为重要的是，你需要让孩子感受到你的爱抚，懂得爱的情感，并会表达爱。你要懂得：不论孩子是玩耍还是学习都应该指导他养成好习惯；当孩子学习成绩不尽如人意的时候，当孩子做事跌跌撞撞的时候，当孩子的能力和你的预期有差异的时候，首先不是指责而是反思，因为孩子的遗传素质来自父母，孩子的智商拜父母所赐；孩子的学习习惯、学习方法都有赖于父母的指导和培养……这样你对那个幼小的心理会有更多理解，你就会心平气和、习以为常地看待，你会收敛自己的行为，你会学习家教之道。你应该有清醒的认识，自己要做的是给予孩子鼓励甚至助他一臂之力，让他感到自信，让他获得成功的体验。

教育孩子切忌居高临下，一味地说教。有的家长就是这样，平时很少与孩子沟通，一旦孩子犯了错误则声严色厉，吹胡子瞪眼，甚至将孩子芝麻绿豆般的过失一股脑儿全倒出来，一一历数，让孩子觉得自己浑身上下都是毛病，不知所以，茫然失措；有责任的家长则会通过游戏，在日常生活中一点一点地渗透，当孩子真正做错的时候，也是和风细雨，将一个深奥的理由变得简单，让孩子豁然开朗。

给孩子多一些空间，让孩子在自由的空气中焕发出创造的潜能，让孩子在温馨的生活中悄然成长，让教育在无痕中发生，努力践行著名教育家陶行知先生的"生活即教育"这一理念。

一个安全的心理环境能够让孩子舒展灵性，一个安全的心理环境是孩子快乐的保证。

其三，让孩子的人生更有意义。

仅有快乐还谈不上幸福，因此做父母的仅仅停留在让孩子快乐上，还谈不上尽到了自己的责任，快乐的前提必须是有意义、有价值。整天和几个同学疯狂地"唱K"，孩子一定会觉得快乐，但这远不是幸福的全部；每天上网沉迷在游戏中，孩子一定会觉得快乐，但这并不等同于幸福；父母对儿女有求必应，孩子一定会觉得快乐，却为幸福埋下了恶果。

明智的父母、真正有责任心的父母还懂得着眼于孩子生活的意义，着眼于孩子做每一件事的意义，这样的父母对儿女才爱得高尚、爱得理智。

所以，父母的责任在于为孩子营造一个尊重的氛围，给予孩子尊重，让孩子懂得自尊，学会推己及人，在尊重的氛围中学会尊重他人，将来获得他人更多的尊重。

父母的责任在于适当地对孩子"残酷"，培养孩子吃苦的观念。首先是不要对孩子有求必应；其次是帮孩子树立是非观念，不能无原则地评价；再次是鼓励孩子克服困难，摆脱依赖的心态；最后是让孩子学会做事，不能包办代替。未来

的人生要靠孩子自己去走，未来的道路布满着大大小小的障碍。俗话说："人生不如意事，十之八九。"孩子的未来不可预设，但是家长有责任让孩子学会设计预案，应对突发事件，并以平常心和坦然的态度面对困难，思考解决困难的办法。

听过一个故事。一个三口之家，母亲患了不治之症，濒临死亡，但母亲还是积极地接受了治疗。因为她有一个读博士的儿子，儿子是她继续生存下来的唯一动力。可是，她的宝贝儿子却因为找工作四处碰壁，无法面对接二连三的打击而患上了抑郁症。照顾母亲的父亲回到家，儿子已经轻率地结束了自己的生命。父亲痛不欲生，可是为了妻子，他只能告诉妻子，儿子到外地工作了。而且，他还用儿子的手机、借儿子的口吻及时发信息给妻子报平安。最后，妻子安然逝去。听完故事的人都被那位父亲感动。诚然，父亲是坚强的，父亲是可敬的。诚然，孩子是脆弱的，孩子是无情的。可是，这脆弱、这无情，难道是一日形成的吗？作为父母，不应该让孩子从小学会担当？作为父母，不应该让孩子从小学会如何面对挫折？孩子的智商不可谓不高，孩子的学历不可谓不高，孩子的学问不可谓不多，可是他的能力、他的心态、他的情感、他的意志，也就是他的人格却是有着极大缺陷的。

有可悲的孩子，就有可悲的父母。

那天，我和一年级的陈老师站在二楼，看着孩子们在广场上玩耍。一个小孩快乐的身影跃入了我们的视野，陈老师告诉我这个孩子的习惯很差。后来，这个孩子的父母亲都外出做生意了，他住在外婆和舅舅家里，由外婆照顾。孩子的妈妈很少回家，也很少打电话，连经济上的责任也没有及时承担，舅舅意见很大，让外婆不要管这个孩子，但是外婆怎么忍心呢？外婆年纪大了，无论精力、财力、教育的能力都很欠缺，只是无奈地看着罢了！可怜的孩子！可悲的父母！所有的责任都遗失殆尽，孩子的快乐也罢，孩子的意义也罢，似乎都与自己脱了干系。

父母的责任重于泰山，父母的责任影响着孩子的未来。为了孩子未来的幸福，我们不仅要谨记自己的责任，而且要不停地学习和提高，在实践中与时俱进。

2012 年 2 月 23 日

寻找榜样并成为他人的榜样

在孩子的成长过程中，我们几乎都会为孩子选择一个效仿的对象，让这个对象成为孩子的榜样，让孩子有一个追求的偶像、目标，以此来激励孩子。需要注意的是，这个榜样最好是熟悉的，例如孩子所在学校的学长或同学；给予孩子榜样事迹的具体材料——提供几个典型案例，例如他在学习上的具体事件或他说的一些言语；对榜样的肯定和赞美之词要恰如其分，也就是选择的事例要让孩子觉得既肃然起敬又觉得亲切可行；在讲述榜样的事迹时要用充满欣赏的语言，但不能和孩子比较，例如不能说"你看人家如何如何，哪像你怎样"，而应该说"他能做到，相信你也可以"，否则适得其反。另外，家长应争取、创造机会让孩子认识榜样并与榜样进行交流。

初中的时候，孩子的榜样是天河中学蔡副校长的儿子——以学校前三名中考成绩进入华师附中，以华师附中第一名的高考成绩进入香港科技大学。高中的他，多了一个榜样——教研室蔡老师的女儿，她女儿高中就读于华师附中，华南理工大学毕业后考入美国威斯康星州立大学硕博连读。另外，从儿子的作文中我获悉华师附中的好几位同学都让他钦佩、羡慕，这就是榜样！这就是鼓舞的力量！

成为别人以目中的榜样，并明确地告知，更是一种激励孩子不断奋发、永不停步的力量。

孩子进入高二以后，成绩有了180度的逆转，成为普通班一匹强劲的"黑马"，他的经验成为华师附中的"励志"教材，他本人也成了众人瞩目的焦点人物。班主任张老师曾告诉我们，有一个兄弟班的同学特意跑到办公室，好奇地问他："曾一航是怎么学习的？"

他享受着成功带来的自信和来自同学尤其是班里同学崇拜的感觉，他首先成为班里同学的榜样。榜样的身份激励着他，激励他调整自己的学习节奏，激励他寻找保持节奏的方法。不仅如此，榜样的力量还激励他善于分享，带动全班同学共同追求学习、生活的更高境界。

当然，他也成为我身边的同事或朋友的榜样。他的成功让我的一个朋友也认定华师附中，最终孩子如愿进入了华师附中。两个男孩相差不大，作为家长的我们每逢寒暑假都创造机会让他们见面，一起打球，一块吃饭、聊天。在 QQ 上，作为哥哥的他对弟弟的学习不吝指导和鼓励。据朋友说，刚进华师附中的时候，孩子几乎排在年级的尾巴，但是一年下来，取得了令人惊喜的进步，数学和物理几乎每一次考试都领跑全班。我及时地向孩子传达这些信息，即使是在电话中也可以感受到孩子那种欣然和"膨胀"的成就感。

同事的孩子对"一航哥哥"自然是佩服至极，小周的女儿更是崇拜有加，"一航哥哥"是她最近的榜样，是她最清晰的标杆。她是个出类拔萃的孩子，一航在处理自己的书籍的时候，特意将竞赛类的资料挑出来交给我，说："这些资料就给胡心怡（小周女儿）吧，其他人都不适合。"这句话的转述对心怡一定是鞭策！当我听闻心怡优秀的表现时，也会不失时机、滴水不漏地传给他。不言而喻，他是别的孩子心目中的榜样，这一点一定要让他清楚！别人因你而更加出色，你不可黯然失色！

华师附中的孩子自有华师附中的神韵，孩子以华师附中为荣，我以孩子为荣。当朋友听闻孩子在华师附中时，都会告诉身边的小朋友："这个哥哥好棒！"要不就是"华师附中的孩子就是不一样"，所有的这些汇集成一股力量，所有的力量凝聚成榜样，激励孩子做好自己。

因此，为孩子确立榜样，也让孩子成为别人的榜样。你在桥上看风景，看风景的人在桥下看你！

营造公平、民主的家庭氛围

在广州市家长学校骨干培训班上，刘树谦教授讲了一个关于妈妈从小培养孩子学会公平，不能多占的故事：妈妈每次买吃的东西都是三的倍数，回家后爸、妈和孩子平均分。有一次，买了六个稀少贵重的水果，孩子一见抓起两个吃得欢，吃完还定定地望着剩下的四个。妈妈似乎没有看到孩子"贪婪"的眼光，和爸爸一人拿起两个硬生生地吞了下去。目的在于告诉孩子：没有特权，不能多占。

想起小时候，我家的日子还算殷实。虽然那时物质并不像现在这么丰富，但是经常能吃上水果和零食。我们家三姐妹，加上爸爸妈妈，一共五个人。每次爸爸买回来的水果或零食，第一时间我们就分了，然后各自保管，随便你怎么处理，随便你什么时候吃。

首先是平均分成五份，虽然每份个数相同，但每份大小还是略有差异的，这时候由谁先取？虽然有人要发扬"孔融让梨"的精神，但是爸爸却让我们齐齐出掌，谁与其他几人不一样的，谁先取，如此循环，剩下最后两个人则划拳决定，赢了先取。倘若平均分成五份后，剩下的不够每人一个（块），怎么办？我们的决议是：剩下一个，给爸爸，他是唯一的男性；剩下两个，爸妈各一；剩下三个，姐妹各一；剩下四个，那就给四位伟大的女性。所以，每一次分食物，我们都像在做游戏，其乐融融。

有时候，妈妈要偏袒最小的，爸爸并不答应："你这不是让我做恶人吗？"妈妈只有收回。妹妹小，但能读懂爸爸的严肃，不会也不敢耍赖。

从孩子懂事开始，我们也逐渐意识到要渗透民主和公平的意识，否则我们就会被他牵着鼻子走，孩子也就容易为所欲为了。这对他并没有好处！

水果和零食自是不用分了，毕竟现在的生活远非 30 年前可比，你还愁他不吃呢！

现在的孩子要求多，譬如买什么样的玩具、该不该买玩具、周末该如何安排、到哪家酒店去吃饭、看电影还是逛街等。

孩子当然有他的想法，有时我会爽快地答应，有时我会说："我们仨表决一下，少数服从多数。"于是"2 比 1""3 比 0"经常成为孩子的期盼。

不只孩子要遵守这一"民主决策制度"，我也不例外。我想逛街的时候，如果他们俩爷们都不投同意票，我也没辙，只好去给他们的乒乓球赛当观众或裁判。

在家里，谁都可能是弱势的。有时儿子会竭力地争取我那一票（我会给他一个说服我的机会），于是先生很"无奈"地被我们"绑架"成为我们的"车夫"！被"绑架"的机会也是公正的呀！

如果我和先生都不愿意，儿子也没辙，因为规则是大家都认可了的。偶尔我还打趣他："怎样，才 1 比 0 呢！"他一脸的无奈。

"开个家庭会议，讨论一下。"每每想起儿子一本正经的样子，我就忍不住要笑出声来！

不让孩子享受特权，学会对孩子说"不"，并不是一件容易的事。当孩子能自己上桌吃饭的时候，特权心理暴露无遗。一看到自己喜欢的菜，有时简直是以迅雷不及掩耳之势将它拖到自己面前，边拖还边理直气壮地说："这碗是我的！"我们当然不给："这是大家的，你喜欢吃我们也喜欢吃。"老人家当然是心疼孙子，难免要护着孙子、宠着孙子，于是就有一场拉锯战，看到丝毫没有退让的余地，奶奶只好无奈地哄着他。孩子呢，要么哭上一两声，要么嘟着嘴，看着父母低头吃饭，丝毫也"不在乎"他的"申诉"，最后也只有认了。诸如此类的例子相信家长们都遇到过，但处理的方式也是迥然各异的，如若养成了迁就、讨价还价的习惯，孩子未免养成强横之气。

著名儿童教育家陈鹤琴先生说："做父母的以为孩子年纪小，做成人的应当让着他；不知道小孩子自以为年纪小，更加要强横起来了。强横之气既成，则放辟邪侈无所不为。小则受人辱，大则伤己之身，其害之大真'不堪设想'，等到那个时候，做父母的悔亦迟了。"事实确实如此，这样的例子并不鲜见，且让许多父母自尝苦果、悔之已晚！

所以，孩子小的时候不能让孩子享有不该享有的特权，肆意满足他的无理要求，作无原则的迁就、退让。家长应该做的是营造一种民主的氛围，潜移默化地渗透尊重他人、公平待人的意识。这是十分有必要的。

爱我你就抱抱我

作词：彭野　作曲：彭野　道白：爸爸妈妈

如果你们爱我　就多多的陪陪我

如果你们爱我　就多多的亲亲我

如果你们爱我　就多多的夸夸我

如果你们爱我　就多多的抱抱我（rap）

陪陪我　亲亲我　夸夸我　抱抱我

陪陪我　亲亲我　夸夸我　抱抱我

妈妈总是对我说　爸爸妈妈最爱我

我却总是不明白　爱是什么

爸爸总是对我说　爸爸妈妈最爱我

我却总是搞不懂　爱是什么（rap）

……

春晚可爱的孩子们的表演应该让每一位年轻的父母感动，更应该让每一个忙碌的年轻的父母反思。对于孩子来说，什么是爱？如何让孩子感受到父母的爱？

想起一个恋上网络游戏的孩子，那天孩子没有回学校。老师及时给家长打电话，让家长到学校与老师共商对策，谁知家长的态度让我们这位年轻的老师大为惊讶："我在档口走不开。他自己会回来的。"电话这头，年轻老师无话可说……

想起那天家长会，在走廊碰上顽皮成性的学生斌。他怒气冲冲，泪流满面，还满含委屈、边走边嘟嘟囔囔的。我不解，上前询问，原来是家长没来。他一边哭一边断断续续地说："都答应人家了，又不来……今天老师都表扬人家了……"我自然不能在他面前指责他的父亲言而无信，不守诺言。我只有安慰他："可能爸爸正忙着，忘记了。让爸爸晚上打电话给老师吧！下次我看到你爸爸一定要告诉他你进步了。"

斌是个全校都知名的淘气的孩子，在父母的眼中一无是处。斌很渴望得到父母的认可，很在乎自己父母眼中的印象。老师的表扬就是向父母表示他并非一无是处的最好的证明，也是父母改变对他的看法的重要契机。他原以为家长会允诺参加家长会，期待着家长对自己的肯定，还可能想象过家长听到老师的表扬后会如何夸奖他、鼓励他的场景。可是，这一切都成为泡影。孩子能不伤心失落，甚至满腔怒火吗？

尽管我安慰了孩子，可是我知道他父亲并不是因为工作忙而缺席家长会。我为这位家长感到悲哀，孩子之所以常常惹是生非、性情暴躁，其家长难辞其咎。

最近，我从毕淑敏的书中看到了一个故事——《比会见总统更重要的事》，说的是一位父亲答应了儿子的请求，去观看儿子的足球比赛，而当天的下午恰好需要他在办公地点会见一位来访的客人。如果比赛正常结束，他就能够按时会见客人。可是，双方几次踢成平局、几次加时。比赛结束后还得参加孩子们认为非常重要且荣耀的习俗——给队员们分发点心。这位父亲几经煎熬，最后决定留下来。活动结束后，他风驰电掣般赶到久久地等待他的客人面前。经过道歉说明理由，这位客人原谅了他，因为他也有一个差不多大小的孩子。更让人感动和震撼的是，故事中的主人公不是一个普通人，他是美国的一位副总统，他的客人当然也不是平庸之辈，是另外一个国家的总统。

不论我们的身份如何，首先我们是父母，可是又有多少父母能像故事中的父亲那样把孩子的尊严和快乐放到如此至高无上的地位？如果有人问我们："你爱你的孩子吗？"相信不用思考，毋庸置疑的、坚定的回答都是："爱！"

可是很多父母并不懂得什么是爱？如何去爱？

尽管我比不上故事中的父亲，但是我尽力地扮演好自己的角色。孩子小的时候陪着他一起玩，孩子上学后陪着他一起看书，孩子爱看的电视剧陪着他一起看、一起乐，孩子的家长会百分之百地参加，当孩子灰心沮丧的时候鼓励他，当孩子取得成绩的时候放大它、称赞他……

所以，我特别喜欢春晚的这个节日中活泼的孩子们的歌唱，它展现了孩子们的天性，唱出了孩子们的心声，真希望它能走进家长们的心中。

"爱我你就陪陪我，爱我你就抱抱我，爱我你就亲亲我，爱我你就夸夸我……"

教育好了父母就教育好了孩子

——感受俞敏洪"让爱成长"家庭教育

感谢儿子学妹的妈妈，让我有幸参与 2014 年广州市家庭教育大讲堂的第一讲"让爱成长"，有幸聆听新东方教育科技集团董事长兼首席执行官俞敏洪先生的演讲，近距离地享受一场精彩而生动的家庭教育盛宴。

这次活动是由广州市妇女联合会、广州市文明办、广州市教育局、广州市关工委、广州市电视台联合举办的。偌大的广州军区体育馆济济一堂、座无虚席。俞敏洪老师虽然说不上是伟岸雄风，但气场十足，让每一位来者心存敬仰。足足两个小时的演讲，俞老师没有讲稿、没有喝过一口水、没有中场休息一分钟，听众的目光聚合成一个点，持久专注！满满的会场，有时寂静无声，有时掌声雷动，有时笑声一片。

俞老师结合自己的学习、成长经历，结合自己对孩子的教育娓娓道来，感情真挚、朴实。至少有三个方面深深地触动了我，给我以启迪。

（1）父母对孩子的影响，不在于你的知识结构，而在于你的价值观。

俞老师认为，教育的三大元素在于人品和人格教育、知识和智慧教育、社会交往能力的教育。

他笑谈以他为原型之一的电影《中国合伙人》中的主角，称电影对其生活进行了夸张，自己经常为宿友打开水，承担宿舍的清洁工作纯粹是一种习惯。这种习惯是从小养成的：妈妈要求俞敏洪每天上学之前必须扫地、挑水。因此他也认为这是自然而然的。正是因为这种自然而然，所以当俞敏洪邀请同学回国共同开创事业的时候，同学们都毫不犹豫，这才成就了新东方。大家就是凭着一种记忆的感动和现实的信任：俞敏洪是个好人，俞敏洪的人品值得信赖，善于利益共享！

人品的种子是在家庭教育中播下的，是父母的言传身教播下的。俞老师讲述的两个实例就是最有力的论据。

其一，每一年粮食收割完后，精于料理生活的俞妈妈总是略有盈余，她让儿子陪自己把一簸箕一簸箕的粮食送到隔壁有五个儿子的邻居家。正因为如此，后来的五个儿子长大后，每年农忙季节都和他们的爸爸一起一两个小时就把俞老师和他父亲"干死了也要五六天才能割完"的稻子收拾得利利索索。

其二，俞老师的少年时代，收割完的稻子都晒在打谷场上，碰上暴雨来袭，倘若谁家没人，俞妈妈总是先收别人家的，再收自己的，结果儿子质疑，母亲是这样回答的："远亲不如近邻。"

在俞敏洪眼里，母亲特别爱帮助别人，拥有一颗善良、无私、豁达的心，这背后就是价值观的满足。父亲也是如此，做木工的他，从来不让"穷人"给自己工钱。

从父母身上，他学会了助人，他坚信一种朴实的哲学：帮助别人就是帮助自己，帮助别人是有回报的，只不过回报的方式不同而已。物质的回报是一种回报，友情的回报是一种回报，内心的坦然、充实和甜蜜也是一种回报。

对照自己的父母他深有感触："做父母的不在于你的知识结构，而在于你的价值观。"成绩重要，但我们做父母的给孩子传递怎样的价值体系更重要。家长的眼光决定孩子的命运！

（2）拥有改变生命的渴望是最重要的。

俞老师从小喜欢看书、喜欢学习，这与母亲的影响与引导分不开。他家里世代都是农民，当时农村只有"教书先生"是拿国家工资的，教书先生让农民羡慕又尊重。母亲不知道外面的世界，对儿子的期望就是："你长大以后一定要当个先生！"

正是这样一种信念，俞敏洪在两次高考失利以后，再三请求母亲，再度发起冲刺，终于偿还夙愿，成为天之骄子——北大外语系的一员，也终于圆了母亲的梦。而另一位高中同学却因为母亲的阻挠，失去了再度挑战的机会，只能在农村终其一生，依然重复着面朝黄土背朝天的历史。每次俞敏洪回到老家，那位母亲都要在他面前毫不讳言自己对孩子的愧疚。

作为几乎被耽搁的一代，在父母的影响下，俞敏洪有一个突出的特点：爱读书。那个年代属于孩子们的只有小人书，小人书是父母对自己最大的奖励。而和小伙伴们分享小人书却让他体验了越来越多的成功感受，我想，对改变命运的向往也在一点一点地累积吧。

结合自己的经历，俞敏洪对家长的建议是：一定要培养孩子对某种东西的爱好和渴望，只要是正面的都要支持，不在于能否上大学，能否赚大钱。拥有改变生活的渴望是最重要的，有希望就有动力，始终保持向往美好生活的热情，这样才会不甘于现状。

当然，良好的心理承受能力是改变命运的基础。

（3）教育好了父母就教育好了孩子。

俞老师坦言，中国的老师很有问题，缺乏教育艺术，其根本原因是阅读的缺失。他要求新东方的每一位老师每年读 30 本书，自己翻倍——每年 60 本。对于孩子的阅读，他重视从小培养，每天要和孩子共同进行 20 分钟的亲子阅读，家里任何一个房间周围都是书。"你不读书，孩子怎么会读书"，俞老师极为看重家长的榜样作用。

针对父教的缺失，作为一位杰出的教育工作者，作为一位孩子的父亲，俞敏洪直言：感情是用时间换来的，孩子与父亲的单独相处很重要。父亲要善于培养孩子的心情和性情，把孩子放出去，在大江、大山，在巍峨壮观的大自然中培养宽广的胸襟。

"既要喜欢孩子又要让孩子懂规矩"，我想也就是"严慈相济"吧！这是现代家长最难把握的。有的家长极力地要树立自己的威严，倾向于"虎爸狼妈"型；有的家长则毫无原则地迁就，不敢对孩子说"不"，逐渐走向溺爱放任、为所欲为。这两者都不可取！

两个小时悄然而逝，互动的环节极为热闹，问题也颇为尖锐，甚至触及教育的本质问题。例如城乡差别和教育公平问题、教师素质问题等。

"教育好了父母就教育好了孩子"，这就是广州市妇联家长讲堂的目的所在，也是每一所家长学校的目的所在。

感谢能有这样珍贵的学习机会！但终究是要挂一漏万的，无忧，已经受益匪浅，镌刻于心。

2014 年 5 月 11 日

让经典浸润孩子的心灵

经典是什么？《辞源》的解释为"典范的经书"；《现代汉语词典》将"经典"诠释为"传统的具有权威性的著作"；著名国学大师南怀瑾先生认为，"经典是浓缩了人文科学和自然科学等多方面知识的结晶"；全球经典教育专家王财贵博士认为，"经典是人类社会最有价值、最有用的知识"；北京大学教授王炳照认为，"经典是人类文明的精华，是全人类的财富"；《人民日报》的文章表述为"经典是经过时间淘漉和历史沉淀的文化精品"。在诸多的界定和解释中，我们已经达成共识：经典，就是指古今中外重大知识领域的原创性著作，是被历史证明最有价值、最重要的文化精髓，比如音乐有音乐的经典、美术有美术的经典……通俗地说，经典就是优秀的、经得起时间考验的作品。

近年来，以经典诵读为核心的经典教育的逐步升温，让人们在喧嚣的快餐文化中重新寻找心灵的慰藉和精神的寄托，经典的价值被重新瞩目，重新返回主流文化的前台。

天河区教育局局长柳恩明博士本着"为往圣继绝学"的责任，率先提出经典教育，在全区的每一所中小学、幼儿园推广经典教育。此举我拍手称快，不由回忆起在孩子成长过程中，我是如何用经典去润泽和引领的。

孩子出生以后，我经常播放经典儿歌和唐诗给他听；到他能听懂故事的时候，我为他选择《安徒生童话》《格林童话》《伊索寓言》；小学时，他读过《上下五千年》《十万个为什么》《冰心儿童文学全集》《唐宋八大家散文》《鲁滨孙漂流记》；中学阶段，他的书柜里陆续有了《古文观止》《庄子》《史记》《鲁迅》和涵盖48本中外名著的《中学生课外必读中外名著》……为了积累，直接地说是为了学好语文，高中阶段的他一直揣着一本《经典诗句》，茶余饭后随时翻开，应该为他高考添了不少彩吧。

鄙人认为，虽然从小学到高中，语文课本中都有古诗词和古文，但仅仅是沧海一粟。要涵养孩子的文化底蕴，就必须有古今中外的经典之作，尤其是中华民族的根的文化——经典文化，如果只是通俗读物和现代作品，孩子必定是缺失营养，失去根基。结合自己的家庭教育，我深以为经典对孩子的影响具体体现在以下几个方面：

第一，美的感受。并不是通俗的东西不美，而是作为经典，尤其是唐诗宋词，具有立体的、多层次的美。"枯藤老树昏鸦，小桥流水人家，古道西风瘦马。夕阳西下，断肠人在天涯"糅合了文字的简约凝练与情感的惆怅之美；"孤舟蓑笠翁，独钓寒江雪"目睹的是意境的诗情画意之美；"竹喧归浣女，莲动下渔舟"是动静结合的婉约之美；"大江东去浪淘尽""天苍苍，野茫茫，风吹草低见牛羊"尽显粗犷豪放的坦荡之美；"红了樱桃，绿了芭蕉""春风又绿江南岸"是清新怡人的色彩之美。孩子读起诗来朗朗上口的同时，就是一幅幅画卷徐徐舒展之时。

第二，想象力的拓展。中华民族的许多优秀作品可谓荡气回肠，不仅是叙一时一事，而且是历史与社会现实的再现，通过这些优秀的篇章，不仅可以体味作者的真情实感，感受作者的脉动，而且还能"穿越"到历史的场景，看到丰富的世界。"两只黄鹂鸣翠柳，一行白鹭上青天。窗含西岭千秋雪，门泊东吴万里船。"在感受画面美感的同时，也能想象身处战乱的怅然；《石壕吏》展现了战乱给人民带来的伤痛和作者的欲罢不能；司马迁的旷世之作《史记》更是向我们展示了一个丰富精彩的世界和跌宕起伏的历史场景，忠义之士、贤德之臣、揭竿而起的队伍等栩栩如生地出现在孩子的面前，让他的世界丰富又精彩。

第三，品德的熏陶。我极其喜欢捷克教育家夸美纽斯在《大教学论》中关于"道德教学法"的一段话："必须在很早的阶段，当邪念还没有主宰思想时，就谆谆教诲德行。因为如果你不在田地里播撒良种，它就会长出最坏的野草。但如果你想要开垦它，你只要犁地、播种、在早春松土，你就可以容易做到这点，并有更大的希望成功。确实，使儿童在年幼时受到良好训练是重要的，因为一只花瓶很长时间保留新花瓶时染上的气味。"

是的，基于首因效应，在孩子没有识别能力的时候，我们应该用美好的东西去滋养他。这种美好的东西，一是感官上的，二是心灵上的。品读《安徒生童话》，孩子能感受到善良、悲悯、温暖的力量，而"锄禾日当午，汗滴禾下土"则让五谷不分的孩子感受到农人的艰辛，懂得珍惜来之不易的劳动成果。

在中华民族的文化宝库中，这样的营养品唾手可得，《弟子规》《论语》《大学》等优秀作品便是。

现在想来，我给予孩子这方面的营养有所缺失，这不能不说是个遗憾。如果当初能有这样的境遇，幸莫大焉。孩子一定会更加优秀，既拥有豪放高端的气概，又倍增温文尔雅的气质。

第四，语言文字的能力。"熟读唐诗三百首，不会作诗也会吟。"的确，这一点既体现在口头语言能力上，又体现在书面语言的表达上。有朋友来，脱口而出的是"有朋自远方来，不亦说乎"。这不仅能让对方感受到你的热情，还会被你风趣幽默的言语所感染。

庄子的《逍遥游》："北冥有鱼，其名为鲲。鲲之大，不知其几千里也；化而为鸟，其名为鹏。鹏之背，不知其几千里也；怒而飞，其翼若垂天之云。是鸟也，海运则将徙于南冥。南冥者，天池也。"简约的文字、明快的节奏、刻画入微的描写，将不受拘束、向往自由的思想表现得酣畅淋漓。阅读得多了，文风自然就如庄子般超脱，语言就如庄子般凝练。孩子的议论文写得简洁而言辞凿凿、富有逻辑，必然有庄子之功！

读得多了，看得多了，必然练就善辨伪劣的慧眼，必然陶冶出不落俗套的气度，必然跳出人云亦云而见微知著！

当然，经典文化远不止于此，除了文学方面，我还让孩子多聆听经典音乐，例如《梁祝》《二泉映月》《春江花月夜》《命运交响曲》《蓝色多瑙河》等，多欣赏优秀的美术作品，走近张大千、齐白石、达·芬奇、达利……记得孩子在大二、大三期间，选修了这样的两门课，一门是《中外名曲赏析》，一门是《艺术史》，再一次用心灵去感受经典的魅力。

可见，经典文化作品对于认知、修身养性都有巨大的作用，称它们是孩子成人成才奠定坚实基础的一种重要教育方法并不为过。对于当前来说，它们具有丰实内心、夯实根基的作用；对于未来而言，它们又是传承民族文化的贡献所在、价值所系。

让孩子浸润在经典中吧！

怎样看待学霸热

不知是巧合还是媒体的跟风，前段时间对"学霸"的报道频频见诸报端，于是，"学霸"成为人们茶余饭后津津乐道的话题。其中有褒有贬，有羡慕有不屑，可谓众说纷纭。

作为常为家长带来鲜活理念、为家长拨云见日的《孩子》杂志，自是不能坐视不理，不闻不问，而必须担负起高度的责任，传递出自己的声音。

于是，编辑也将"话筒"递给了我。

第一个问题是：在学校宣传优秀学生的时候，需要注意什么？

说实在的，我并没有过多地关注过"学霸"，尽管"学霸"是时下一个热点话题。因为在我们学校，固然有对优秀学生的宣传，甚至也会对学习成绩优秀的所谓"学霸"进行宣传，但是，不仅仅于此。优秀学生的内涵很丰富，我们更为注重的是健康的身心、优秀的品质、良好的行为习惯。加德纳的多元智能理论很多家长都不陌生，简单地说就是每个人的禀赋是不一样的，有的擅长数理逻辑，有的具备体育特长……每个人都有可能成为某领域的佼佼者。当然，前提是健全的人格。因此，我们在表扬和宣传优秀学生的时候，不能光看成绩。好学生固然值得宣传，但应该注意的是要适可而止，实事求是，不能为了吸引眼球获取新闻效应而大肆渲染，让孩子成为围观的焦点，影响孩子未来发展。

有的家长反映，学校出了好学生就大肆宣传，我也把孩子送到学校来，为什么学校就培养不出呢？这反映了家长的心理，有羡慕也有遗憾，甚至不乏揶揄、指责。其实，优秀学生的成长是多方面的因素所造就的，其中家庭教育占据着主要作用。当家长把羡慕的目光投向别人家的孩子时，更应该思考：别人家的父母付出了多少？别人家的父母是如何教育孩子的？当然家长也可以自我安慰：人生不是短跑，而是长跑，大肆宣传的未必将来大有作为，默默无闻的未必不能做出一番大事业！

第二个问题是：你觉得学生应该怎样向身边"学霸"型的同学学习呢？

我认为应该自然地对待"学霸"现象，因为勤奋学习是我们中华民族的优良传统，作为学生本该如此，只不过现在很多高校学习风气不良，因此"学霸"们的行为才显得"突兀"，才引起强烈的关注和媒体热议。

当然，榜样的树立是应该的，但是否凡是学霸都值得我们去推崇、效仿甚至膜拜呢？"学霸"的类型各有不同，有的完全是"两耳不闻窗外事"的书呆子，有的则是科学地安排时间，娱乐、锻炼、学习皆不误的"真学霸"；有的高分低能、人格缺陷，有的则优分高能、品学兼优。

面对"学霸"，我们应该引导孩子正确地看待，从"学霸"型的学生身上，孩子们要学习的是他们顽强的毅力、对知识本身的追求和热爱、良好的学习习惯、热情助人的品质（如韩衍隽，期末考试前，他在班里开了一个学习班，辅导同学功课）……而不是读死书，盲目地获得一个好分数。

我还想说的是，作为学校，作为教师，作为家长，首先应该清楚，学习是学生的职责所在，努力学习是天经地义的事情。但前提是激发和保持孩子的学习兴趣，形成良好的学习风气，而不是一味地牺牲和放弃人生的美好和生活的乐趣，读死书、死读书，单纯地追求成绩，提高分数，如果那样，必然是一件痛苦的事情，即使得到了高分，也不免昙花一现，缺乏张力。其次要明确教育的目的是什么。教育的目的不就是让未来的生活更加美好吗？因此，我们要让孩子储备的不仅是成绩，还有健康的身心、健全的人格，还有各种实践能力和综合素养，当然核心还是孩子善良的品行。我们应该秉承老祖宗有教无类的思想，用博大的胸怀接纳每一个孩子，尊重每一个孩子，守望每一个孩子，让每一个孩子都有成功的体验，让每一个孩子都在我们的视野中享受教育的美好。

对韩衍隽及"学霸"寝室的4个男生的宣传，我认为代表了正能量，因为他们都不是"书呆子"。"学霸"热未必不是一件好事，它已经触发了我们更多的思考。

2014 年 11 月 14 日

阿雄

——我的第一任家委会会长

每次看到她，我都称呼她为"振铧妈妈"，她的真名我倒没有去记，因为每次活动都是主管德育的李副校长与她联系。直到有一天，我好奇地问："振铧妈妈叫什么名字？"李校答我："阿雄。""阿雄？""是呀，赖燕雄。"从此，我记住了她的名字，但每次见到她，我依旧叫她"振铧妈妈"，已经习惯了。

这位阿雄，就是我们家委会的第一任会长，是学校的得力助手，可以说她在营造和谐的家校关系中功不可没，甚至更应该说，她是我决定成立家长委员会的"关键人"。

记得学校刚搬迁到现在的校址不久，她主动来找我，与我分享自己带着孩子在香港参加家长志愿者活动的收获，还把活动的详细情况和自己的感受写成了一封长信，郑重地"托付"给我。当时，我很感动，我对面前娇小的年轻妈妈刮目

相看，也就是从那个时候开始，我坚定了成立家委会的信念，同时萌生了关于家委会的诸多思考。

家委会成立了，主动、热情、善良、聪慧的她顺理成章地被推选为家委会会长。事实证明，她当之无愧。

从此，她的身影活跃在学校各种大型活动中，甚至学校日常管理过程中。当然，不独她，还有整个家委会团队。

每年招生工作，她都牺牲双休日的时间率领她的团队和我们老师一起，为报名的家长排号、指引、解释，使得学校招生工作更为有序，让报名的家长和孩子们感受到宾至如归的人文关怀。

但凡学校举办家长培训，只要学校有需要，她总是第一时间安排好签到和指引工作，甚至确定好拍照的人员，让我在进入会场之前看到一切都是那么有条不紊、周全细致。

这些年学校陆陆续续开展了好几场大型活动，最隆重的当属80周年校庆。阿雄和校家委会成员一起，组织了一支志愿者队伍，他们帮学校印刷日历、派发资料、接待嘉宾、准备场地、摄影录像、组织学生……记得阿雄还曾神秘地告诉我，要给我一个惊喜。后来，有人无意"泄密"——她和六年级的家长已经订购了11个花篮。

记得上个月德育现场会前两天，我回到家看到的第一条信息就是她发来的："已经全部通知参与活动的家长。我们7点50分到校，全力以赴！后勤工作您不用担心了。""我请好假了，另外乐队的孩子要不要化妆？如果需要化妆，我会另外安排人手，现在是安排了11个人。"我一时感动得不知说什么好。可是，感谢还是要说的，但是仅仅用感谢又岂能表达我当时的感受呢！德育现场会当天，一个个穿着橙色马甲的家长志愿者宛若一颗颗闪亮的星星点缀在校门口、操场、楼道、课室……与会人员听完课，走下台阶，在一道靓丽风景线的包裹下步入主会场。这道靓丽的风景线就是让我们倍添自豪的家长志愿者们。

4月中旬，肇庆端州区中层干部到学校跟岗，根据安排，我与他们分享家长学校以及家校合作的经验，花都和海珠三所学校的领导和老师也闻讯而来，海珠五凤的周校长还带来了好几位家委会成员。这一计划阿雄是知道的，但是那段时间正好是广交会，阿雄在酒店工作，正忙得不可开交，分身乏术。于是，她就将汇报的任务交给了一位副会长。令我诧异的是，我步入会议室的第一眼就见到了她，顿时有一种喜出望外的感觉，原来她和同事调了班。那一次，除了副会长，她还带来了三位家委会成员，她们团队"作战"，应答如流，让兄弟学校的领导和老师羡慕不已、赞叹不已。周校长当即发出邀请，让我和阿雄去五凤小学与全校老师和家长分享。

阿雄的孩子从二年级开始就加入了学校的金穗鼓乐团，鼓乐团的训练是十分辛苦的。如果有赛事，寒暑假、节假日还必须回校练习，对此，阿雄并没有怨言，她除了鼓励孩子，培养孩子的坚强意志和吃苦精神，还影响了其他家长，让别的家长也能坚持对孩子的陪伴和支持。鼓乐团多次出外参赛，无论是香港还是台湾，只要学校需要，她都无怨无悔地扮演着"大众妈妈"的角色，协助带队的老师做好后勤服务工作。

她是真正的冼小人，她常说，学校好，孩子好；家长有样，孩子学样，参与学校活动就是对孩子最好的陪伴。

说她是冼小人绝对实至名归，外出培训时有值得学习的经验她会毫不保留地与我分享；带队出外参赛时，发现学生出现问题的苗头，她会及时与我沟通；看到别的队伍的队旗、队服特别，她会拍下来发给我；自己或其他家长有意见和建议，她都能坦诚、公正地传递……她的微信中有这样一段话："鼓号队、舞蹈队不停为学校赢得荣誉，我们家委会也要给力，虽然没有奖杯，但是我会带着家长擦亮冼小的招牌，虽然我不是最优秀的，但是我一直在努力、努力！"

如今，她的孩子即将毕业，想着今后她或许再也不能像现在这样名正言顺地、"召之即来"地出现在我的视线内，不免惋惜，不免不舍。不舍的感受不只我有，她在信中写道："时间过得超快，眨眼间就快毕业，就要离开冼小了，心中非常不舍，舍不得你们这些可亲可敬的老师们，活泼可爱的孩子们及非常配合我工作的家长们。六年间，我见证了从旧校舍到新校舍的搬迁，几次随乐队外出参赛，每次孩子们都不断有惊喜给我，银奖、金奖，成果丰硕，每次孩子们都有很大的收获。""所有的一切，我都要谢谢您，谢谢学校，给我机会，承蒙信赖和错爱，我所参与的每次活动，都将是我一生难忘的经历。"读着这些真挚的文字，她的善良、她的感恩、她的坦诚可见一斑，这就解释了为什么她麾下的家长会如此听从号令，支持配合，拧成一股绳，共同为学校的发展无私奉献。

正是有这样的一位会长，正是有这样的一群有责任感、有爱心、有热情、肯付出的家长，才有了和谐的校园，才有了蓬勃的生机，才有了教育的乐土，才有了健康成长的孩子，才让身在此中的我，享受着一份温暖和惬意，感受着成功的愉悦。

阿雄，我的第一任家委会会长，我心中永远的会长。

2015 年 6 月 1 日

妈妈都支持

博宇是我教的学生，我看到的她总是笑盈盈的。那天，我为头扎羊角辫的她拍了一张照片，我对她说："老师要把你的照片放在学校编的教材上，问问妈妈同不同意。"第二天，小女孩清脆响亮地回复我："妈妈同意。妈妈还说，郑校长要做的事情，她都支持！"我感动极了，惊喜极了！

午饭时分，熊慧芳老师走进了我的办公室。她告诉我，班里一位学生家长很感谢学校和老师对孩子的教育，想为学校做点什么，他自己是做打印机的，希望能捐几台打印机给学校，所以熊老师来征询我的意见。

每天早上回到学校，我都会看到一道橙色而靓丽的风景线，那就是身着橙色马甲的家长志愿者，校门口、楼梯旁、操场上都有他们的身影。每当我走过去向他们问候的时候，他们往往会回报一个真诚的鞠躬，一个甜美的微笑，还会谦卑地说："这是我们应该做的。"每天的遇见，都是一种正能量的输入，让一天的工作总是处于满格状态。

二年级福星的妈妈是一位企业负责人，工作忙碌的她也是一位对传统文化，尤其是对《弟子规》极为热衷的人。一年前她就开始进入儿子所在的班，为孩子们解读《弟子规》，助力学校培养"具有传统美德的现代公民"这一目标。

一年级一位孩子的爸爸长期在上海居住，为了参与学校的"爸爸进课堂"活动，应孩子之邀，从上海飞到广州，来到儿子所在的班级，为孩子们呈现了一节精彩的活动课。40分钟后，这位父亲收拾好所有的教具，拉着行李箱，赶往机场，搭乘返回上海的航班。这位爸爸把一个壮硕、温暖的背影留给了老师，同时把一个伟岸、果敢的形象留在孩子的心里！

诸如此类的例子还有很多很多，每每想起这些，我就想：

尽管我和我们的老师仍然会碰到求全责备、蛮不讲理、不可理喻的家长，但是，那又有什么关系呢？如果没有反对意见，如果没有挑剔和责备，那就是学校的奇迹，事实上，任何一所学校都是不可能存在这样的奇迹的。值得欣慰的是，在我们的校园里，这样的家长和事件少之又少。绝大多数家长是站在家校共同体的角度、站在平常心的角度、站在客观的角度去观察和思考问题的；绝大多数家长是心甘情愿地参与学校活动的，心甘情愿地为自己的孩子和学校的孩子们贡献资源，为自己的孩子和学校的孩子们树立美行榜样，让孩子们感受更多的爱和关怀。"一花独放不是春，万紫千红春满园。"

"捧着一颗心来，不带半根草去。"尽管无可比拟，但是总有一种"路漫漫其修远兮，吾将上下而求索"的心绪。只要你是全心全意地谋划学校的发展，让学校一天一天地变美；只要你是全心全意地谋划学生的发展，让孩子们一天一天地进步，家长们是可以看到、感受到的。不仅如此，备受感染的他们也会渐渐地感染、融入，正如滚雪球，无形的力量越来越大。

我很欣慰地感受到家长的感受，家长也一定能感受到我的感受。

正因为感受着家长的感受，正因为那一句"郑校长要做的事情，妈妈都支持"，让身处其中的我感动之余倍添责任。家长对学校、对我如此信任，我又岂能辜负、愧对家长的信任？

我因此更加敬畏我的工作，敬畏每一个生命，努力让一个个灵动的生命绽放出最美的光彩；我因此更多地思考，如何帮助家长，吸纳科学的育儿理念，解开家庭教育中的困惑，幸福地陪伴孩子健康成长。

我因此更觉得谦卑的可贵，觉得一个人无须太在意个人得失，一个人也无须因为自己的付出要让别人知晓而叨念不止，一个人更无须因为别人的不理解而怨天尤人。"桃李不言，下自成蹊"，总有一天终会得到大家的认可。即便不能，只要心胸坦荡，一如既往地走在追求理想的路上，也能达到"上不愧天，下不愧地"的境界。论语有云："人不知而不愠，不亦君子乎。"

"妈妈都支持"是一种坚定的信念！"妈妈都支持"是一种鼓舞的力量！"妈妈都支持"是一种翘首的期盼！"妈妈都支持"是一种美好的意愿！"妈妈都支持"是一种没有限期的鞭策！

2015 年 6 月 14 日

四 遇见可读的书籍

书是人生不可或缺的精神营养，感谢父母让我自童年开始就喜欢与书相伴。"书中自有黄金屋，书中自有颜如玉"，不管它是不是有约定俗成的解释，我的解读是，读书能给人带来无可比拟的精神财富，带来金钱买不来的智慧；读书可以提升人的气质（腹有诗书气自华）；书更是不可替代的护肤品，所以"读书的女人最美"！身为教育工作者，和书的遇见应该成为一种习惯，成为平常事和乐事！

我与读书

如果要我回首读书的足迹，那应该追溯到我入学的时候，那时我七岁。从学会识字开始，我就喜欢上了阅读。

和大部分同龄人相比，我是幸运的。因为我不愁没有书籍，不愁没有课外读物。大姨会定期地给我们姐妹寄来《小朋友》，小学的时候父母亲给我们订了《儿童时代》《中国少年报》《儿童文学》，中学时代我们家拥有了《少年文艺》《儿童文学》《东方少年》《文化娱乐》《故事会》等杂志。除了这些杂志，父亲还经常从单位借来《伊索寓言》《格林童话》《安徒生童话》、少儿版的《西游记》满足我们的阅读需求。知道我爱看书，父亲出差给我带回的礼物就是课外书——那时多半是小人书。而我还迷上了父亲借给自己看的书，比如《福尔摩斯探案集》《水浒传》《三国演义》和一系列的日本侦探小说。长大后，看书的渠道更多了，师范学校有丰富的藏书，伯父家的书柜也是我常光顾的地方，参加工作的纺织厂图书馆让我有了更多的喜悦，妹妹买的"琼瑶"总是让我先睹为快……那时候，看得最多的是小说，既有古今中外的名著，也有当时最流行的"金庸"和"古龙"；那时候，追求的是引人入胜的故事情节，是心理和感官上的愉悦；那时候，我尝试制定了一张表格，将我所读过的书都记录下来，但后来不了了之了。

而现在，读书的意义要宽泛得多。扪心自问，是功利得多。

作为一名教师，为了耕好自己的一亩三分地，为了给孩子们一个欢乐而灵动的数学课堂，我读《小学数学教师》《小学数学教育心理学》《小学儿童发展与教育心理学》；为了做好课题，我读《中小学教师课题研究指导》《中国数学教育心理研究30年》《教师行动研究》《学习障碍儿童的教与学》；为了紧跟课改，不致落伍，我读《教学设计原理》《走进新课程》《给教师的建议》《与教师的谈话》；为了感受不同文化差异下的同行的魅力，我和老师们一起读《56号教师的奇迹》《学生是怎样学习数学的》……

作为一个校长，为了了解学校的运作和规划学校的发展，我读《学校管理学》《学校发展与策划》《创建优质学校的6个原则》；为了领悟先哲的丰富教育思想，我读《孔子的智慧》，读《帕夫雷什中学》《陶行知教育名篇》《外国教育家评传》；为了和孩子缩短距离，我读《小屁孩日记》，读孩子们给我推荐的著名动物小说家沈石溪的系列作品，偶尔也翻翻"马小跳"；为了指导家长也为了自己做好家长，我读《好妈妈胜过好老师》《孩子，你慢慢来》《正面管教》《放下孩子》……

作为一名要保留一点自己的人，为了找回一些很久很久以前的读书感觉，我读《百年孤独》《朗读者》《假如给我三天光明》；为了不至于远离经典，我重读《母亲》《朝花夕拾》《呐喊》《彷徨》；为了慰藉自己的精神和心灵，让自己的情感底色丰厚一些，我读周国平的《经典的理由》《把心安顿好》以及《安静的位置》，我读毕淑敏的《蓝色的天堂》《幸福的七种颜色》《毕淑敏散文》，我读《幸福是什么》《哲学与人生》……

除了称得上书的书，还有许多的杂志，例如《人民教育》《中小学管理》《中小学德育》《读者》……当然《求是》《统一战线》也让我受益匪浅。

书读得不可谓不多，可是智慧的增长并没有成正比。但是，不论是功利驱使也罢，是趣味使然也罢，能置外面的喧嚣而不顾，能按捺住内心的浮躁，独享读书的闲暇，终究让自己觉得踏实。

有人说，工作忙碌、家务繁杂，我哪有时间读书？那我要借用鲁迅先生的话告诉他："时间就像海绵中的水，只要愿挤，总还是有的。"只要你有这种意识，不论出于何种目的，你将读书当作自己生命中不可或缺的一部分，你就不会有"没有时间"之说。

寒暑假，我"扑在书上，就如饥饿的人扑在面包上"；平日里，一天不读书，我便六神无主。虽然，智慧的增长缓慢，但总会有灵光乍现的时候，对工作、对生活岂会无益！

有些书，尤其是枯燥艰涩的理论，我也是囫囵吞枣，置于案上几个月也难有进展，甚至觉得犹如喝中药，要硬逼着自己饮完，饮完后还会如释重负地长舒一口气；有些书，没有读完却已喜新厌旧，因此床头常摆着三四本等着"宠幸"，等着我调换口味，而爱看哪本完全是兴之所至；有些书，却是爱不释手，非得一气呵成才肯罢休……

读书，也有直接兴趣和间接兴趣之分。时间长了，功利会渐渐地褪去，更多的是趋向于兴趣，不知不觉中间接兴趣转变为直接兴趣。

学校是一个充满书香的地方，学校是一个散发儒雅之气的地方。我们老师就是那个驱动者，就是那个"提灯的人"。"生活里没有书籍，就好像鸟儿没有翅膀。"积极倡导读书，是我由来已久的行动，各项制度也相继出台。但是，我更希望读书就像呼吸一样自然。我常和老师们说，不记得谁说过这么一句话："读书不能改变人生的长度，但可以扩展人生的宽度。"其实，读书也能增加人生的长度，不是吗？"流水之声可以养耳，青禾绿草可以养目，观书绎理可以养心"，读得多了，胸襟开阔，心情敞亮，精神充实而愉悦，真可以多活几年呢！

总是应该留下一些什么

——读《外国教育家评传》

总是应该留下一些什么！

这是我在历经了八九年之久终于"啃完"《外国教育家评传》后的感慨。

这套书一共四本，共 541 000 字，每本厚度足足四厘米。这套书由上海教育出版社出版，主编是赵祥麟。我买的是 2003 年 4 月第三次印刷的第二版，记得那时在购书中心看到这套书时简直如获至宝，丝毫没有犹豫便买下它。其中有许多我所熟知的西方教育家，这于我更是正中下怀。我相信它是浓缩的精华，读它可以省去研读原著的漫长时间，何况原著也不是轻易就能得到的，此书相对集中，一览无遗，不亦快哉！而且，如果要研读原著，亦能从书中介绍的每一位教育家的作品中有所选择。

书中有我所熟知的古希腊哲学家、教育家苏格拉底，他提出教育的首要任务便是培养美德，他一生致力于实践他的哲学：以伦理的要求自励并以之教人。他认为，教育的首要任务是教人"怎样做人"。苏格拉底还形成了一套由讥讽、助产术、归纳和定义四个步骤组成的独特的方法——苏格拉底方法。苏格拉底还很重视锻炼。"那些天生体质脆弱的人，只要锻炼身体，就会在他所锻炼的方面强壮起来，比那些忽略锻炼的人更能够轻而易举地经受住疲劳。"我们不得不承认，2 000 年前的苏格拉底是多么睿智、多么有远见。

对于每一位教育工作者而言，捷克教育家夸美纽斯以及他的班级授课制无人不晓。但不为许多人所知的是夸美纽斯作为一位承前启后、具有远见卓识的教育革新家，提出了一套系统、全面和新的教育理论，从而为近现代资产阶级教育理论体系奠定了基础。他的《母育学校》这一专著开启了论述学前教育的历史先河；他的《语言入门》打破了传统教科书的模式，堪称一部小型百科全书，迅速被译成 12 种欧洲主要语言；他的《物理学概论》30 年来被各国再版。当然，夸美纽斯最大的成就在于他的《大教学论》，这本书是他的教育观及其全部教育活动的基础，写作及修改前后花了十余年的时间，是一部系统的教育学著作，涵盖教育的目的、任务、作用，教育的根本原理；教学的原则、内容、方法，分科教学法，德育，体育，学制及教学管理等教育学的基本内容。"寻求并找出一种教学的方法，使教员因此可以少教，但是学生可以多学；使学校可以少些喧嚣、厌恶和无益的劳苦，多具闲暇、快乐和坚实的进步；并使基督教的社会因此可以减少黑暗、烦恼、倾轧，增加光明、整饬、和平与宁静。"天地可鉴，感动至极！

还有一个个星光熠熠、耳熟能详的名字：裴斯泰洛齐、第斯多惠、斯宾塞、杜威、蒙台梭利、甘地、泰勒、布鲁姆、苏霍姆林斯基、泰戈尔、赞科夫、巴班斯基、皮亚杰、加涅、马卡连柯……

而像布鲁巴克、布贝尔、莱尔森、纽曼、怀特海、科尔伯格……我却是闻所未闻，大概是因为他们的名气不够大，或者是因为他们研究的仅是高等教育，我往往将他们忽略，在摘录的时候做一些适当的选择。我选择了爱伦·凯、怀特海和科尔伯格。

爱伦·凯（1849—1926）是瑞典著名作家、妇女运动活动家和教育家，也是 20 世纪初期欧洲教育革新运动的思想先驱。她提倡自由教育理论，热爱和尊重儿童，注重儿童的早期教育，促进儿童个性的发展；倡导理想的家庭，强调家庭及父母在儿童发展和教育中的作用。

怀特海（1861—1947）是英国著名的哲学家、数学家和教育理论家。他的价值在于强调学生的自我发展和智慧训练，反对传统教育向学生传授死的知识和无活力的概念；用发展的眼光看待儿童的学习心理过程，主张教育要适应儿童心理发展的规律；重视学生的能力培养，尤其是想象力、创造力以及审美能力的培养；较为辩证地论述了知与行、自由与训练、普通教育与专门教育之间的内在联系等。这对于我们今天的教育改革，依然不乏启发。

我一直在寻找关于德育的理论，也了解过班杜拉、马卡连柯的思想，但是科尔伯格（1927—1987）作为最近时期的一位教育家，一位当代的教育家，应该更有时代感和借鉴的意义。他的贡献在于实现了学校德育的时代转型，确立了人在德育中的地位，创立了较科学的道德教育理论体系，倡导实践性德育研究。

今天的我们是幸运的，我们站在巨人的肩膀上，享受着古今中外教育家们经过长期的研究和实践的成果，即使是 2 000 多年前的思想，如今依然闪烁着智慧的光芒，而且光芒永存，让我们读起来醍醐灌顶。他们那种执着，那种毅力，那种敢为人先的气概，那种广博的多领域知识（哲学、医学、法律、人类学、心理学、历史学），那种勇于批判、传承、革新的力量足以让我辈敬佩、景仰、追随。但不得不承认的是，每一种理论都不是解决一切问题的良药，每一位教育家都不是完人，他们的教育思想也非百密无一疏，如科尔伯格将知识与能力对立、西蒙的偏激……我想原因主要有三：一是时间的流逝，历史的变迁；二是宗教的局限，文化的传承（教育家拥有很广博的知识，多是多个领域的专家）；三是个人的活动，世界观的影响。正因为有空白、有缺憾，才凸显他们的光辉；正因为有空白、有缺憾，才凸显他们的价值；也正因为有空白和缺憾，才彰显教育这个"既是科学又是艺术"课题的永恒魅力和探索的永无止境。因此，我们敬仰但不膜拜。审慎地选择，合理地扬弃，不负前人，发挥更大的价值，这应该是先辈们所期望的。正如科尔伯格，他能批判传统德育，突破传统堡垒，超越杜威和皮亚杰的理论阈限，并始终勇于挑战自己。

　　我自知阅读的时候不免走马观花、囫囵吞枣，难以走进教育家深刻的理论中去，自知浅陋的文字必定是挂一漏万了，但的确是震撼了我的整个心灵，让我不得不留下这段文字，算是"雁过留声"。我告诉自己：书其实并没有读完，只是告一段落而已，任何时候都可以返回来重拾散落的珠宝，汲取纯粹的养分，以丰盈我的思想。

　　以下摘录了几位教育家的"语录"，供自己与志同道合者相互激励。

　　（1）洛克的《教育漫话》是一些零星的随笔，主要包括他先后指导其赞助人的儿子所获得的教育经验以及他作为一个哲学家的头脑所拥有的广博的实际知识。洛克深有体会地说，他之所以将这些"漫话"公之于众，是"因为教育上的错误比别的错误更不可轻视。教育上的错误正和配错了药一样，第一次弄错了，绝不能借第二次、第三次去补救，它们的影响是终身洗刷不掉的"。

　　（2）幼儿教育家福禄培尔："让他自由地活动、自由地行事，用自己的双手攫取东西，用自己的双足行走，用自己的眼睛观察一切。"

　　（3）苏霍姆林斯基："一个人应当为了人民的幸福而活着，应该成为播种者，应当留下永存的价值。"

　　（4）赞科夫："只有当教学走在学生发展的前面时，这种教学才是好的教学……如果教学只能利用发展中已经成熟的东西，如果教学本身不是发展的源泉，不是新的形成物产生的源泉，那么这种教学完全是没有必要的。"

　　（5）巴班斯基："所谓教学过程最优化，就是指所选择的教学教育过程的方法，可以使师生耗费最少的必要时间和精力而收到最佳效果。"

（6）斯普朗格："教育是基于对他人的精神施与爱，使他人的全部价值受容性及价值形成能力从内部发展出来。"

（7）培根："要命令自然，就必须服从自然。在思考中作为原因的，就是在行动中当作规则的。"

（8）柏拉图："用体操来训练身体，用音乐来陶冶心灵。"

一个书生校长的教育智慧

——读《做一个书生校长》

上海建平中学闻名遐迩，今年听闻表姐的孩子以距离满分仅 29 分的中考成绩进入这所中学，我既高兴又歆羡。

上海建平中学的现任校长是我久已熟知的程红兵校长，说是熟知也只不过从书面材料了解了他的一些成就，例如曾经荣获"全国优秀教师""全国德育先进个人"等桂冠。拥有如此荣誉的或许不在少数，但他能拥有自己的专著，应该是实至名归。他是我所仰慕的有见地、有思想的校长之一。

正因为如此，我欣然地将首先眼前一亮的《做一个书生校长》带回家，在暑假的闲暇日子里，怀着敬佩的情感走进"一个书生校长"的智慧与恬淡。

在"自序"部分，作者解释了以"做一个书生校长"作为标题的原因所在。在作者 45 年的人生旅途中，他把绝大部分生命时光献给了书，爱书、买书、藏书、看书、教书、写书就是他生活的主要内容。他常以一介书生为缘，被感染的学生将"书生校长"的雅号赠送给他，他也就当仁不让了。因此，作者以"做一个书生校长"为题，汇编了担任校长以来的一些思考、做法、讲话、已发表的文章，既有学校管理的，也有语文教学的。

读这本书的时候，可以感受到程红兵校长对教师、对学生所具有的人文情怀。

读这本书的时候，可以感受到程红兵校长对学校品牌的深度诠释和对学校文化的独特见解。

读这本书的时候，可以感受到程红兵校长对中外教育差异的深邃的洞察力。

读这本书的时候，可以感受到程红兵校长对学校课程的现代眼光、对视之为生命的语文教育的执着与挚爱。

读这本书的时候，还可以感受到程红兵校长真心读书、真情读人的真诚和睿智的人品。

不愧是"书生校长"，满腹才华和智慧！在书中，作者既能引经据典，饱含哲理，又能援引现代事例，信手拈来。他反对灌输，倡导素质教育的思想跃然纸上；他反对呆板，倡导富于弹性、灵活而人文的教学机制深受欢迎，学生可以选择自己喜欢的、认可的教学模式，可以选择作业的内容，可以选择作业的数量，甚至可以选择作业是否要交给老师；他反对单一的评价，倡导对学生、对教学的个性解读，体现了真正的以学生发展为本的现代教育观念。他认为："作为一名优秀教师，他应该具有对学生的特殊的爱，时时处处为孩子着想，为孩子的一生负责，有一种强烈而自觉的生活意识。在他们眼里，学生的第一要素是生命，应该尊重生命的独特性。"他不仅提出这样的见解，而且在实践中以身作则，这和我们当下很多陷入应试巢穴的行为是大相径庭的，和一些学校表面一套背后一套也是迥然不同的，和某些假教育之名求功利之心的行为更是格格不入。就是这样的一个书生校长，有自己思想的书生校长，为师生营造了身心愉悦、心灵舒展而充实的精神家园。一个好校长就是一所好学校，有这样的校长，有这样的精神家园，无怪乎孩子们趋之若鹜，家长们以此为荣。

程校长也洞悉教育的时弊。他指出"教育的批评应该是学术的批评"，应该"用自己的心灵与大脑去思考，需要用自己的眼睛去发现。占有材料是容易的，搬运材料是容易的，倘若我们只有搬运别人的材料而没有自己独到的思想，不论你有多勤快，也只是一个搬运工而已。因为在你的大作中见不到你独特的思想印迹，看不到你不同于他人的创造性的观点"。学校管理何尝不是如此，看见别人的好思想，就要照搬，只可惜终会落得邯郸学步的下场，没捡着西瓜，连芝麻也丢了，最后竟忘记了自己曾经是什么。偶然对镜，已然面目全非。

这本书的最后是记者对他的采访。从中，我更多地了解了他的经历。我惊喜地发现我们竟然都是来自那片红色的土地——江西，而且曾经几十年共饮赣江水。自豪感、亲切感不禁油然而生。同时我也更清楚地看到了自己思想深处的短板，并为之而惭愧。

我喜爱读书，也是一校之长。为什么我却缺乏如程校长般的治校韬略呢？为什么我在教学中耕耘了20多年依然没有取得卓著的成绩，让自己的教学生涯空留遗憾呢？是由于自己浮躁的心依然没有沉静下来，自己依然没有改变囫囵吞枣、不求甚解的习惯，还是由于心猿意马，容易被这浮华的世界所干扰。"众人皆醉我独醒"，我自诩更多时候是清醒的，可是清醒的我又能够坚守自己的宁静吗？我追求的是一种平和，可是《做一个书生校长》却告诉我，至今火候未到，距离上乘的功夫依然遥远。

我读了，但我没有研究，没有深入的研究，因此我依然停留于皮毛，我不敢说自己不肤浅。

我渴望自己成为一名真正的书生校长，用我自己的思想思考我的学校，思考教师的发展，思考学生的成长。

最后还是以此为鉴吧：学校应该求真务实，杜绝一切形式主义；诚实守信，杜绝一切弄虚作假；平和进取，杜绝一切急功近利；开放创造，杜绝一切故步自封。

文字终有穷尽的时候，但我却不能详尽地将自己书中所获予以描述，不能详尽地将程校长的教育智慧予以表达。所以要做的是，一而再再而三地研读《做一个书生校长》!

2009 年 9 月 17 日

由《六位教育家》所想到的

本书的作者名为智效民，恕我孤陋寡闻，之前并未听过这一名号，也未曾看过哪本书上署有这一大名。

读完《六位教育家》，首先要感谢作者，他用通俗易懂、明白流畅的笔触，不仅详细地向我们介绍了傅斯年、潘光旦、陶行知、叶圣陶、陈鹤琴、舒新城这六位教育家的教育思想和教育实践，还不时透露着作者对教育的真知灼见和其饱含忧患的真性情。

诗言志，书何尝不是如此？看完这本书后，与其说是感谢，毋宁道是敬佩。尤其是作者在"自序"中表现的对教育的洞察力、对教育的针砭时弊、对真教育的真情呼唤引起了我的共鸣。

"然而我们生活的时代，却几乎是没有教育家和哲学家的时代。在一个没有教育家和哲学家的时代，受教育的人就会感到迷茫，从事教育的人也会失去方向。"无怪乎作者要为我们呈现六位教育家的思想，我们仅仅是站在巨人的肩膀上而已，无论是文化底蕴，无论是学识智慧，无论是孜孜以求的执着精神，我们今天所谓的教育家都是无法企及的。这是教育本身的悲哀，还是江河日下的预兆，抑或是百家争鸣、百花齐放的前奏？

"教育家与一般的教育工作人员不同，他们不仅要有投身于教育事业的赤子之心，还要对教育有深刻的思考，要把教育当作国家前途、人类命运的大事。"试问，今天有几人有如此忧国忧民的思虑，有为中华之崛起而办教育的豪情。有的多是为了个人的私欲，有的多是具备功利熏心的思想，有的只是向领导交差的思想，有的只是为了向人炫耀的心理。悲哉！怜哉！

书中虽有作者对今日教育的惋惜，但不如"自序"中的酣畅淋漓、直抒胸臆。

在写作过程中，我发现如今的教育不仅背离了五四的精神，而且与改革开放也格格不入。

——改革开放要求解放思想，向前看。但是如今的教育却故步自封，向后看。（对应试教育的批判）

——改革开放要求建立特区，大胆试验。但是如今的教育却统得很死，管得很严。（对唯检查、考核是从的局面的批判）

——改革开放要求破除落后管理制度。但是如今的教育却一直坚持统一大纲、统一教材、统一进度、统一招生、统一考试的"计划教育"体制。

——改革开放要求转变政府职能，为整个社会松绑。但是如今的学校无论是行政还是业务，都要归政府有关部门领导领导。

……

因而作者的初衷可见一斑，"我把他们的思想和相关的经历写出，无非是想为当今的教育提供一面镜子，让大家看看它的模样，并思考今后的出路"。有些人的确需要这样的镜子，需要知道前人究竟做了什么；否则，孤陋寡闻，自己得出一点结论、有了一点收获就沾沾自喜忘乎所以，真要贻笑大方了！走前人走过的路，也还可以聊以自慰；自诩发现了教育家发现的规律，只恨自己晚生了一百年。最怕的是，视前人的共识为草芥，认为那是过时的东西而不屑一顾，而偏偏要执意"创新"。结果，学生都成了"小白鼠"。可悲的是，时光无法逆转，生命无法复制。

"创新是一个民族的灵魂"固然是真理，可是创新的根基在哪？没有对中国现代教育史上杰出教育思想的继承和发扬，没有满腔的热情，即使有独辟蹊径的智慧，也难以挣脱世俗的藩篱。旧的东西虽然年代久远，但历久弥新，只是暂时掩盖了光泽，最终，它依然在我们的前方闪光！

恢复高考已经三十余年，难道真要到不惑之年我们的教育才"不惑"吗？

读《为什么美国盛产大师：20世纪美国顶尖人才启示录》

选择它的理由源自钱学森之问："为什么我们的学校总是培养不出杰出人才？"

众所周知，美国人才机制之所以成功，最重要的原因在于美国拥有世界上最成功的高等教育制度。全世界最好的大学70%～80%在美国，这些院校的共同特点是：富有远见的学术带头人、宽松民主的学术气氛、激励创新的科研环境、鼓励人才脱颖而出的机制。

同时，美国还把外国培养的有潜能的人才争取过来，进行"后道工序"的"深加工"，为美国的经济发展与科技现代化不断输入新鲜血液，以保持其旺盛的活力与巨大的人才优势。大批国外优秀人才的流入也提升了美国高等教育的质量，从而形成美国教育与人力资源的良性循环。

美国对世界各地人才有巨大而持久的吸引力，一个主要原因是美国雄厚的资金力量能够为外来人才提供更丰厚的资助与薪酬福利，更好的学习、科研与工作条件，这在很大程度上归功于美国的公益捐赠事业。

中国的人才成长机制的确存在问题，而最严重的是教育问题。这不仅在于教育投资与教育资源严重不足，更表现在教育体制，即教育制度、教育理念与教育方法存在弊端。从小学到中学，中国亿万儿童、少年、青年的天性与快乐被剥夺！尽管中国学生在基础教育阶段练就了扎实的知识功底，但这种刻板的、填鸭式的教学方式使大批学生丧失了学习的积极性和追求知识的乐趣。十年寒窗之后，众多学生的自主意识被消磨，因而在进入大学之后往往不知所措，懒散、浮躁、功利、享乐成为大学新生普遍的思想状态。更严重的是，应试教育体制严重影响中国学生独立研究与创新能力的发挥与拓展。

创新精神是最重要的，创新精神强而天资差一点的学生往往比天资强而创新精神不足的学生能够取得更好的成绩。"好的教育应该是让你自由寻找那些对你有意义的事情，而不是把人脑当成一个容器，往里填东西；好的教育还在于让人批判性地思考，敢于质疑前人，我发现中国学生在这方面表现不足。"这段话出自美国华裔物理学家、1997年诺贝尔物理学奖得主朱棣文。

科技泰斗们的成长经历、社会背景（即家庭出身）、移民经历和宗教信仰都对其产生了深刻影响。诺贝尔奖得主、预科学院院士大部分来自中上层或上层家庭，从而在人生道路的开始便站在较高的起点上。其重要的影响在于优越的经济状况与社会地位为大部分科技泰斗的成长提供了财力保障，同时父母的言传身教与悉心培养为他们的事业生涯做好了先期准备。

犹太人重视教育，勤奋好学，善于理论思考并有强烈的探索自然科学奥秘的渴望，从而在事业生涯不断进取，创造奇迹。对于饱受精神摧残与不公正待遇的犹太民族来说，美国的社会环境大体上是宽容、友善的，这是犹太裔美国科技泰斗努力提升人力资本并取得卓越成就的重要因素。

大师何以呈现：

（1）良好的家境。

（2）良好的社会背景或父母的教育。

（3）一所好的学校以及学校的理念、教学方法。

（4）与大师为伍，与名师亲密接触，受益于顶尖的老师。朱棣文曾说："我在罗切斯特大学度过了一段非常美好的时光，因为上了理查德·费曼为本科生开设的一门拿手课程。那是我大学时代极为重要的两年。费曼让物理看起来如此美丽，他对物理的爱贯穿在书上的每一页。如果不是他的演讲，我肯定会放弃物理。尽管当时我不能完全领会课程内容，但这一过程大大有助于培养我的物理感知能力。""1978年我加入了贝尔实验室。我是他们在两年中录用的二十多位才华横溢而自命不凡的年轻科学家之一……贝尔的风气与氛围实在太好了，于是我乐不思蜀地留了下来，告别了遥远的伯克利……"

（5）自身的探索精神和献身科学事业的热情。串起大师的足迹，不禁令我们顿悟：大师之所以成为大师，固然在于天生潜质、家庭影响、后天努力等个人因素，但同样重要的是塑造精英的社会机制与文化氛围。其中包括高等教育制度、科研制度、引才机制、兵役制度以及文化环境。

看完此书，至少应该给我们带来如下启示：

（1）作为父母：

①为孩子提供良好的生活环境，让孩子拥有更多的资源。

②培养孩子的学习兴趣和探究欲望。

③帮助孩子树立远大的目标，分解目标，稳步实施。

④培养孩子良好的个性和坚忍不拔的毅力。

家长的理性很重要，在当下，很多家长尤其是经济发达地区的家长的确不乏"望子成龙"的思想，极度重视孩子的教育，重视到了操控的程度。为了不输在起跑线上，从两岁甚至更早的时候就参加这样那样的早教班。其后是接踵而至的各类培训班，尤其是不少家长趋之若鹜地培养孩子的艺术素养，家里没有摆上钢琴的家庭反倒成了"另类"。

其实，现在孩子的智商和孩子已有的"知识"都是家长们值得夸耀的，但是非智力因素往往为家长所忽略，所以原本聪明的一个孩子上学之后，各种各样的问题就接踵而至，有的缺乏专注力，有的不会和老师、同学交流，有的凸显出攻击性，有的只生活在自己的世界里我行我素……而最重要的是，很多孩子都缺乏一种精神——持之以恒的精神。这应该引起更多的家长的重视。

（2）作为学校：

①完善课程体系，着眼于孩子的生活和未来。

②改善教学方法，鼓励学生独立思考，鼓励学生求异思维，鼓励质疑和创新。

③尊重孩子的个性，鼓励孩子尝试用各种途径和方法解决问题。

④尊重教育规律，不急于求成，不揠苗助长，学会耐心等待。

⑤多采用"自主—探究—合作"的学习方式，培养学生的合作意识，让学生学会合作。

⑥为学生提供展示的平台，采用多元化的评价机制。

（3）高校—社会—政府：

①力戒浮躁，改变作风，培养有责任感的、有前瞻性的、能独立思想的、善于引导学生的极具人格魅力的德才兼备的导师。

②形成良好的校风，树立正确的人生观和价值观，营造正面的舆论导向。

③政府要下大力气关注高校、研究高校，为高校提供强有力的经费保障，鼓励高校办出特色，培养高素质的创新人才。

④改革考试制度，给予高校自主权和灵活性，但又有合理的监督机制，做到"不拘一格降人才"，让"偏才""怪才"有更大的空间。

⑤大学要为学生提供更多的条件，关注学生的发展，引导学生的发展方向，加大对拔尖学生的关注和培养。

⑥社会要形成良好的风尚，尊师重教！

我们的大学更多是这样的：老师上完课就走了，学生很多时候都是靠个人自学，几乎没有时间和老师交流，上课更多的时候是一种形式。作为从高中跨入大学的学生来说，老师的作用依然是很重要的，尤其是现在"90后"的大学生几乎都是独生子。除了学习不说，在人格方面也会出现很多问题，这与个人的心理承受能力和个性有关，但不能说与学校的体制毫无关系。很多高校并没有采取防患于未然的措施，而是待问题出现以后才头痛医头、脚痛医脚。令人担忧！

作者的研究并非一天两天，美国的教育优势并非今日才知，而且众所周知；中国的教育痼疾也非现在才见，而且有目共睹。可是，为什么我们的现状依旧没有改变？为什么我们的步伐依旧那么沉重？

香港中文大学教授金耀基先生有言："要想21世纪成为中国人的世纪，中国必须要有几十所世界级的大学。"

充满期待！

2012年3月30日

俯读《论语》　仰望孔子

在浩如烟海的书籍中千挑万选，我终于从各种版本、各个译作者、各个出版社中选择了由吉林文史出版社出版、刘琦译评的《论语》。说起《论语》，它是和孔子一同进入我的视野的。或许是距离我们这个时代太久远，因而孔子的形象也和《论语》一样，永远是一位清癯的老者。

小时候隐约地知道孔子是一位知识渊博的人，心里对他充满了敬佩。初一的时候，学了一篇课文《两小儿辩日》，看到课文中的一句话"孰为汝多知乎"，心里很不是滋味，只感觉到自己仰慕的人所遭受到的窘迫、难堪，直为他抱不平，而对两小儿充满敌意。

读师范的时候，教教育学的老师总喜欢在我们耳旁念叨："知之为知之，不知为不知，是知也。""三人行，必有我师焉。择其善者而从之，其不善者而改之"，"温故而知新，可以为师矣"，"不愤不启，不悱不发"……这些都是孔子教育思想的精华所在。那时候，只感觉孔子是一位善教者，自己也为拥有这么一位教育的开山祖师而自豪，因而也更加景仰。

后来，通过语文课，通过阅读历史书籍，我陆陆续续地丰满着自己对孔子的再度认识。其间，也在图书馆翻阅过《论语》，但都没有注释，觉得晦涩难懂，最多只有一知半解，恐怕自己曲解了作品的意思，曲解了孔子的思想，因而只好放弃。

现在，看到《论语》摆在购书中心醒目的位置，看到《论语》占满了一个大书架两面的每一层，看到琳琅满目的版本，看到林林总总的书名，看到书架前比肩接踵的选购者不由欣慰。人们对《论语》有了新的认识，对《论语》的价值有了新的挖掘，或者说对中华民族的经典文化，对中华民族的传统文化的传承找到了自己的责任。

要读完《论语》是一件轻而易举的事，因为它全篇只有千余字；要读通《论语》，却要有一种毅力，除非你囫囵吞枣，因为其中蕴含的至理名句足够你去慢慢品味、细细咀嚼；要读透《论语》，必定要用我们漫漫的岁月去参悟。

《论语》说的都是简单的道理，《论语》教会我们做人最基本的东西，它没有晦涩艰深的典故，没有故弄玄虚的道理，没有佶屈聱牙的言语。

当我俯首而读时，我感到自己的渺小。

"学而时习之，不亦说乎？有朋自远方来，不亦乐乎？人不知而不愠，不亦君子乎？"——让我们看到的是一种豁达的胸襟。

"君子不重则不威，学则不固。主忠信。无友不如己者。过则勿惮改。"——让我们看到的是律己的严格。

"学而不思则罔，思而不学则殆。"——警醒我们读书要和思考结合起来。

"君子成人之美，不成人之恶。小人反是。"——体现了"仁"的思想。

"人之生也直，罔之生也幸而免。"——追求的是正直。

……

《论语》的内容太丰富，孔子的思想太博大，我不敢妄加菲薄。虽然俯首而读，却要抬头仰视。随之而来的是一种心灵被唤醒、被洗涤的感觉。

说它是一切中华儿女必不可少的人生教科书，一点也不夸张。

2008 年 4 月

一本教育人的《圣经》

——读柳恩铭博士《论语心读》

对《论语》的解读汗牛充栋，柳恩铭博士的《论语心读》中列出的参考书目就有 31 本之多。我所读过的也就两三种，一是贾平凹主编的《论语》，二是常飚主编的《论语通译》，三是刘琦译评的《论语》，三者皆不在《论语心读》参考书目之内。就是曾经轰轰烈烈的于丹老师的《论语》解读也没有被列入其中，个中原委不免引发我的思考。

"半部论语治天下"，忘记了是哪位大家所言，但《论语》的价值无论是为人修身还是齐家治国都是极有价值的，因此柳恩铭博士称其为中国的"圣经"，并不为过。

柳恩铭博士多次引用北宋哲学家、思想家张载的铮铮誓言："为天地立心，为生民立命，为往圣继绝学，为万世开太平！"这段话已经成为一种价值追求，深深地植入了他的心底，化作一种自然而然的儒者情怀，正因为如此，才有了今天的《论语心读》。

过去我曾经看过的《论语》只有注解，只有作者最普通的解释，仅仅是一种纯粹的古文翻译。面前的《论语心读》却完全基于一位教育者的视角，结合社会、学校、家庭、教室，用心阐述孔子的思想内涵，当然重要的还是学校教育，其中涉及学校文化、素质教育、教学技能、教师修养……因为柳恩铭博士本身就是一位优秀的教育工作者，就是一位怀有理想和抱负的教育官员，"为往圣继绝学，为万世开太平"于他乃是责任在肩。

手中的《论语心读》是作者的心血之作，"十年一剑天地心"！没有古代文学的修为，没有对孔子思想深入透彻的研究，没有对教育的深邃思考和深刻感悟，没有坚持不懈的、直抵心扉的热爱和责任，焉可见一片字斟句酌、言之凿凿、铿锵有力、掷地有声的浸润生命的精妙之言？他"从孔子的生命世界里，寻到了别人尚未发现的思想光华"。"柳恩铭博士从《论语》中悟出了一个唯美的儒家，没有消极，没有颓废，没有丑陋，没有糟粕，只有精华，只有乐观，只有美丽，只有期待——对学生有期待，对社会有期待，对国家有期待，对未来有期待"——
以上两段话是陶继新先生在"序"中的评价，我深以为然。

虽然只读到《里仁第四》，但"不动笔墨不读书"的冲动已意在笔先。

此时此刻，触动我的主要在于：

（1）对孔子的认识。"一千个读者便有一千个哈姆雷特"，由此推断，一千个
读者也有一千个孔子。不用说是 2 000 多年前的孔子，就算是近在咫尺的同事也
是"横看成岭侧成峰"，难以识别其"庐山真面目"。对于孔子，我们从《两小儿
辩日》，从《上下五千年》，从自读《论语》，从电影《孔子》，甚至从昔日"打
倒孔家店"的口号中不断地揣摩，各种矛盾交织在一起，让我如坠雾里：孔子到
底是个什么样的人？他的态度是消极还是积极？他是怀才不遇还是踌躇满志？他
是孱弱书生还是意气风发？他是不识时务还是志向坚定？……在《论语心读》
中，作者给我们描画的是一个积极向上的、散发着正能量的孔子，他崇尚"礼
乐"，追求文明和进步，追求德治，其言道："道之以政，齐之以刑，民免而无
耻；道之以德，齐之以礼，有耻且格。"他崇尚仁义，笃信善良的人性，如"不
仁者不可以久处约，不可以长处乐。仁者安仁，知者利仁"。孔子还是个感情丰
富、富有艺术气质的人，一个不无幽默且谈笑风生的人，而不是自命清高，整天
板着一副师道尊严的面孔，否则他的弟子怎会如此敬重，不离不弃，甚至孔子去
世后众弟子还为他守墓三年，记录他的诤言，继承他的衣钵，让儒家思想流传千
古。今天，无论是充满智慧的《论语》，还是《弟子规》《大学》《中庸》，都可
见孔子的人格魅力，孔子的满腹经纶、坚定信仰，孔子那审时度势的远见，所有
的一切昭昭于天地之间，日月可鉴！

（2）对教育的认识。孔子是教育的鼻祖，他开平民教育之先河，开素质教育
之先河。"弟子入则孝，出则弟，谨而信，泛爱众，而亲仁，行有余力，则以学
文"，关于此，柳恩铭博士的感悟是："孔子教育的人才观是：孝敬父母、尊重师
长、慎言诚实、博爱亲仁、终身学习。这也表达了孔子人才观的价值取向：德行
第一，学文第二。有两点值得玩味，一是孔子的人才观与中国现代素质教育思想
的高度契合；二是孔子'行有余力，则以学文'的思想与现代终身学习理念的契
合。由此可见，人类文化轴心时代哲人的思想具有永恒价值。"当然，《论语》中
远不止此处强调道德教育。但令人遗憾的是，当下的教育与先哲思想背道而驰，
家长们对孩子说的是"只要把书读好了，什么也不用考虑"，"只要学习好，你要
什么都可以"；老师说的是"成绩不好，其他方面好有什么用"，"如果不看成绩，
这个孩子倒是很可爱的"……扭曲的心态导致扭曲的现状，因此有了药家鑫等令

人扼腕痛惜的典型。

痛定思痛，请家长们来读读《论语》，以先哲的思想来反观自身，在乱象丛生中找到教育的本质。高尔基曾说过："理想的人是品德、健康、才能三位一体的人。"我国的教育目标不也将"德"居于"智、体、美、劳"前面吗？也有人这样比喻"成绩不好是次品，身体不好是废品，品德不好就是危险品"。记得我也曾对孩子说："妈妈最重视的是你的品德，身体居次，学习第三。"

当然，孔子的教育思想中还有许许多多熠熠生辉的智慧。譬如"君子不器"。对此，柳恩铭博士读出了其中蕴含的孔子的教育价值取向：教育培养的是善于运用工具的人。他的感悟直指教育："当今教育的问题可以分解为两个方面。一是教师对'器'过分迷恋，忽视了'道'。很多教师强调硬件，强调设备设施，强调信息技术，但忽略了自身'道'的追求。'庙小乾坤大'，大事坐下的地方就有文化，就有影响人的磁场，就有感化人的能量，教师的思想、情感、态度、学养、人格这些'道'的力量确是决定性的力量。信息技术的运用使很多教师可以制作精美的课件，可谓花样繁多，引人入胜，但是，课件是课件，人和课件没有融为一体，课堂教学无法形成磁力，更说不上精彩。二是重'器'轻'道'的价值观体现在教学上，就是教师关注的只是学生的成绩，忽视信仰、理想、精神、伦理、价值观的构建。课堂仅仅成为知识堆积的场所，学校仅仅成为智力开发的场所，而不是生命激扬、生命灵动的地方。如是，岂不悲哉！"

"君子不器。"仅仅四个字，柳恩铭博士却能悟出"大乾坤"，与当下的教育问题联系起来，且入木三分，怎不引起为教者的慎思、深思！

（3）对人生的态度。最典型的是"学而时习之，不亦说乎？有朋自远方来，不亦乐乎？人不知而不愠，不亦君子乎"三个诘问，凸显了快乐人生的主旨。学习实践、学术交流、道德修养是孔子所说的人生的三大快事。对于前二者，柳恩铭博士多次在会上引用，加之先前自己的理解，感受甚多。此时，更触动我的是"人不知而不愠，不亦君子乎"。且看作者的"心读"："而最难的是几十年如一日'人不知而不愠'，做到了不是圣人也近乎伟人！无论是年轻人，还是尝遍人间冷暖的四十不惑、五十知天命者，大多渴望被认识、被了解、被赏识、被尊重。能够做到被人误解，甚至诽谤中伤而不怨天尤人者，鲜有其人。在学业中、学术中、事业中，十年'人不知而不愠'，心无旁骛，有所追求，不成功才怪！"这一段话，无疑是鼓舞人心、充满正能量的。无论是一名校长，还是一位教师，作为一个怀揣着理想的教育工作者，不免要面对曲折的过程、面对怀疑的目光、面对意想不到的障碍，甚至指责和诋毁，但是，又有什么关系呢，"人生不如意事，十之八九"，无须太在意被人误解，豁达乐观、坚持不懈才是最重要的。

"吾日三省吾身。为人谋而不忠乎？与朋友交而不信乎？传不习乎？"对于"传不习乎"，柳恩铭博士也有"心读"，其理解为："自己讲授的东西自己认真研究和实践过吗？"这样的理解并非无厘头，柳恩铭博士联系为政、为教不无感触："今有为政者，要求他人做到的，自己往往没有研究过，更不用说实践过；为教者，也往往把道听途说当作学问来传播，站在讲台上，感觉良好，自以为得意，是为谬种流传，误人子弟。"难道不是吗？譬如备课，现在的备课资源尤其是现成的教案多如牛毛却参差不齐，可毫不辨别地"拿来"的老师为数不少，真真正正研读教材、研究学生、研究课程标准是不是每一位老师都做到了呢？更有甚者，堂堂的大学本科生甚至研究生竟然发生学科性知识错误，有的教师浑然不觉，有的教师却不以为然、心安理得。这样的行为，不仅与"师者"的身份相去甚远，甚至连做人的基本诚信也丧失了，不就是"不忠不信"吗？"为政以德，譬如北辰，居其所而众星共之"，为教之人，岂不如是？一名优秀的教师，社会怎能不认可，家长和学生怎能不欢迎！"温、良、恭、俭、让"是孔子的处世策略，也是我们追求的道德品质。

柳恩铭博士在"序"中说："我重新解读《论语》的冲动来源于对教育的思考，来源于寻找教育迷失的本真，目的在于构建中国人的精神家园，在于培育养护中国人的心灵沃土。"作为一名教育者，柳恩铭博士希望："我不想只是在书店里增加一本谁都可以翻一翻，甚至谁都可以买一本，但是没法看完的《论语》，我渴望，只要你拿起《论语心读》，此生就不愿再放下。""十年天地心，我坚信《论语》对于守护精神家园、维护文化根基、养护国人灵魂、恢复教育本真，具有其他任何经典都无法替代的作用。"字里行间充满着责任感和强烈的担当意识，充满着文化人的自信，充满着"继往圣之绝学，开万世之太平"的自信！

我相信，接下来的阅读同样会给我带来触动心灵的感受。

2014 年 7 月 28 日

小花更醉人

——读《小故事　大智慧》

　　难得有这般闲暇的时间，让我在五一假期的头两天就把《小故事　大智慧》一书剩下的部分一口气看完。

　　全书分为十辑，由 369 个小故事组成。每一个小故事都不长，大多只有区区数百字，但是每一个小故事都很精彩，都能让读者捕捉到其中蕴藏着的"智慧小精灵"。有些故事闻名遐迩，甚至是流传的经典，过去也曾看过，但是今天读来依然能震撼心灵；有的故事的作者姓名已经散失，有的故事则来自名家，譬如刘墉、毕淑敏；有的故事是从历史典故中撷取的，有的故事则取材于现代；有的故事出自中华大地，有的故事来自大洋彼岸。

　　正如编者所言："你给我讲了一千遍大道理，我耳朵都听出茧子了，从小到大，妈妈和老师都是这样说的，语气神态都差不多，一出门我就给忘了。你给我讲了一个小故事，一阵清风吹过，不经意间，我的心弦为之颤动，智慧与道理变成了一个可爱的小精灵，都慢慢融化在心里。"

　　是呀，在清亮的早晨或是寂静的夜晚，在大段的闲暇时光或者是饭后小憩，捧上这么一本书，摆出自己喜欢的、最舒适的姿势陶然其中。有时会有如梦初醒的彻悟，有时是生发出与作者深深的共鸣，有时感动得热泪盈眶，有时又禁不住哑然失笑。真情流露，涤荡心灵，如沐春风！

　　我想，这些别有风味的小故事，这些富有哲理的文章，应该让它们发挥更大的价值，改变更多人的心情，点缀我们身边同事、孩子的人生。于是，我决定：

　　有的故事，我一定要与我们的学生家长分享，例如《真正的高度》《精致生活》《总理的老母亲》《记住，我们在养小孩，不是在养花》《你给孩子什么样的环境》，让家长朋友们为故事中的父母而感动，同时也能寻找自己与故事中的父母的差距，思考如何去爱孩子、如何成为孩子心中的榜样，在孩子面前树立威信。

　　有的故事，我一定要与学校的老师们分享，例如《课不能停》《我希望你是我女儿》《海滩上没有发生的事》《山外的楼》《特级教师》《关于幸福的联想》，我想老师们一定能够参悟其中的智慧，一定能够升华自己对孩子的爱，一定能够再一次激起幸福的涟漪。

有的故事，我一定要讲给学校的孩子们听，尤其是高年级的学生，像《分苹果的故事》《神奇的鹅卵石》《动脑的结果》《没有信誉就没有生存》《大器之才》，我同样希望这些故事能撞击他们的心扉，希望他们从故事中感悟到做人的基本标准是诚信、人生充满着挫折、成功在于坚持、生命是最可贵的、善于动脑会为自己赢得更多的机会。

有的故事，我一定要一边看一边和我的儿子分享，诸如《生命中的大石块》《遥远的掌声》《请为你的夸奖道歉》《被上帝咬过的苹果》。《遥远的掌声》是让他了解哈佛的精神；《请为你的夸奖道歉》是希望他不要为别人夸奖他的身高长相而沾沾自喜，而应该看重后天的努力获得的成功；《被上帝咬过的苹果》是告诉他命运对每一个人都是公正公平的，没有十全十美的人，困难甚至苦难是通往成功的必经之路。而《生命中的大石块》是要他知晓时间管理专家的寓意：同样的空间，放置东西的顺序不同，结局就大相径庭；同样的时间，工作安排的顺序不同，结果也就千差万别。当然，正如他自己所说的，无论你的时间表多么紧凑，如果你真的再加把劲，你还可以做更多的事。当然，和学生分享的故事都适合他。

正如编者所言，这是为朋友们献上的一份精美新鲜的小快餐，滴水藏海，小中见大。在轻松的阅读中，有一份新鲜的感觉、愉悦的享受，不知不觉，为自己点亮一盏心灯！

《小故事　大智慧》，愿这束可以常置案头的小花、这条清澈悠远的小溪、这缕拂过脸庞的清风，能改变更多人的心情！

2010 年 5 月 3 日

应对融化的冰山

——读《冰山在融化》

在网上不经意就看到这本《冰山在融化》，其中有这样一段点评："这本书棒极了。它蕴含的丰富信息可以帮助各行各业的人。它涵盖了符合在变化的情景取得成功的各个步骤：发现实质性问题，寻求有潜力的合作者，制订解决方案，争取最广泛的支持，与墨守成规的人周旋等。"这段话出自花旗集团全球客户管理副总裁克里斯·汉德。我不禁为之一动，于是很自然地就被两位作者（美国的约翰·科特和霍尔格·拉斯格博）带到了美丽而神秘的南极洲。在这个被称为"第七大陆"的冰雪世界里，我看见了一群可爱的、可敬的帝企鹅。

这里有一只充满好奇心的企鹅——弗雷德，他"常常独自一人，拿着小本子记下他所观察到的一切"。他坚持做着自己认为正确的事情。他发现了巨大的危机，帝企鹅王国世代赖以生存的冰川在融化，但是他身边的大多数企鹅都不相信他，甚至还嘲笑他。他觉得自己责无旁贷，还是将这一忧虑向"领导集团"汇报。所幸的是领导集团中有一位实干务实、绝不高高在上的爱丽丝，她能认真地倾听他的分析，还亲自和他一起去考察。

在确定这一危机后，整个家族都笼罩在灾难即将来临的恐惧中。为了挽救家族的命运，管理层立即成立了一个由五只帝企鹅组成的救难小组，各具强项形成最佳组合。经过详细的勘测、调查和多次讨论，他们拟订出行动方案，在全体大会上公开方案，明确目的，寻求大家的支持和认同，并即刻挑选出精干的侦察兵去寻找新的家园，留守的帝企鹅尽最大努力做好后勤保障工作。一时间，帝企鹅总动员，面对融化的冰山开始自救。

在这之后，帝企鹅王国对领导班子和管理机制进行了改革，尽管缓慢而艰难，但是他们做到了。更为可贵的是他们思维的变革，这种思想指导着他们如何面对随时来临的危机，使得他们更善于应对新的危险；指导他们如何利用过去的经验分析问题，让企鹅王国更好地发展，走向繁荣。

从这个寓言故事里，我们看到了富有好奇心和创造力的弗雷德，看到了坚决果敢的爱丽丝，看到了受人拥戴但思想保守的路易斯，看到了忠诚没有野心的巴迪，看到了思维缜密、博学多才的乔丹教授，看到了由他们组成的强有力的领导班子如何决策和分工合作、积极行动，带领大家走出危机。同时，我们也看到了他们周围充满激情但碰到困难和非议就退缩的阿曼达，因循守旧不相信改变的非也，一群积极参与的小侦察员和"少年英雄"……

从这个寓言故事里走出来，我们可以将我们身边的每一个人都对号入座，有人是善于发现和思考问题的弗雷德，他们有一种危机感，每天都在为明天准备，并以积极的心态迎接崭新的每一天；有人是非也，他们就像温水中的青蛙，丝毫也没有发现周围世界的改变，更不愿意改变自己，甚至当团队要变革、当别人积极奋进的时候还会说上一大堆风凉话；有人是巴迪，是领导的坚决的追随者，没有任何怀疑也没有丝毫的野心。当然，有的领导像路易斯，在群众中享有很高的威望，但他看不到整个团队存在的危机，也担心变革会带来动荡和麻烦；有的领导像爱丽丝，能够对现状产生怀疑，能果敢地坚持去做正确的事情，而且还有较强的领导力和执行力，敢于身先士卒，善于凝聚团队，发挥团队成员的优势。

这个寓言故事在我们的现实中太有指导意义了。首先，世界上没有"永远的不变的家"，这个"家"可以大也可以小。随着事物的发展变化，即使今天的家和昨天的家迥然不同，未来的家也应该是现在的家的延续和发展，我们都应该积极地调整步伐，走向新的更远的目标。这就需要我们的家长有眼光和胆识，善于发现实质性的问题并善于破除陈规，善于决策和组建团队。其次，我们家庭的每一个成员都要关心家的发展和繁荣。同时我们每一个家庭成员始终要对我们的未来充满信心，寻找到自己的位置，认真尽责，完善自己，并坚持不懈地贡献自己的智慧和行动。再次，我们的家庭成员中也有一些人面对变革而担惊受怕，我们要做好他们的思想工作，取得他们的支持，让他们也成为优秀的一员。至于那些讥笑嘲讽、顽固不化的，我们要凭借行动说服他们，让他们明白前进的浪潮不可抵挡，故步自封必然要走向灭亡。

这本薄薄的只有5.7万字的书除了讲述了一个富有深意的寓言故事，在故事结束以后还为每一位读者取得更好成绩提出如下建议：

（1）阅读并思考这个寓言故事。

（2）与其他看过这本书的人进行讨论。

（3）寻找其他手段将寓言中所学到的运用到现实生活中。

（4）要么找出新的和更好的方案，要么说服更多的人坚持既定的方案。

不仅如此，作者还给出了成功变革的步骤：

搭建平台：①增强紧迫感；②建立领导团队。

做出决定：③确立变革愿景以及变革策略。

实行变革：④有效沟通；⑤授权行动；⑥创造短期成效；⑦不要放松。

巩固成果：⑧打造新文化。

"企鹅王国不断成长，一天天繁荣起来。现在企鹅们更善于应对新的危险，这多少要归功于他们从冰山历险中学到的经验。"

"人类（有时候）会比企鹅更聪明！"感谢作者和译者！

疯狂的学校　率真的孩子

——读《疯狂学校》

　　校长踩着滑板上班，还在全校师生面前和猪亲吻，班主任竟然对孩子们的问题一问三不知，垃圾成为美术老师的宝贝，体育老师爬上树去和孩子们玩"鬼在墓地里"的游戏……这就是疯狂学校里的校长和老师们。

　　暑假，我通过当当网购买了一套儿童读物《疯狂学校》。这套书共六册，作者是美国的丹·古特曼，译者是我小时候就熟悉的我国儿童文学作家任溶溶。每一册都由 10～13 个连贯的小故事组成，每一册都是 7 万字，每一册都具有相同的风格和统一的体系。

　　在《我们的疯校长》中，校长克卢茨先生玩滑板、跟孩子们打赌，为了兑现自己向孩子们的承诺，他扮成火鸡踩弹簧高跷穿过大街，爬旗杆，把头涂成橘色，亲吻猪的嘴唇，甚至还要上屋顶蹦极，让孩子们直认为校长已经疯了，下决心要治好校长的"疯病"。

　　在《我们的笨班主任》中，班主任戴西小姐竟然什么都不懂，还很认同淘气孩子的意见，当他们告诉她"我讨厌上学"时，她却说"我也很讨厌上学"；当他们说"我讨厌数学"时，她也说"我也很讨厌数学"；当他们说"我讨厌拼读"时，她也附和"我也是"。她所有的知识，数学、历史、拼读等都是孩子们"教会的"，以至于淘气的孩子深深地同情她："不要难过，戴西小姐，让我们来教你读写算。我们不会告诉克卢茨校长说你有多笨的。"

　　在《我们的怪图书管理员》中，图书管理员有时戴上假发装扮成军佬，告诉孩子们："我的名字叫乔治·华盛顿。我是美国第一任总统，是我们国家的国父。"有时戴上长胡子，拿着一把铲子，背着一个大包，光着脚，头上戴着一口锅，这时她告诉孩子们："我是苹果佬约翰尼。现在是 1800 年。我一个城市一个城市地走，走到哪里，苹果就种到哪里。"有时她又装扮成一位宇航员，称自己是踏上月球第一人——阿姆斯特朗……每当这个时候，她总是否认自己是真正的图书管理员，以至于孩子们千方百计地去寻找证据，以至于孩子们都认为她得了

一种怪病，直为她难过，要尽一切力量帮助她。

在《我们的神经美术老师》中，汉娜太太的美术课充分激发了孩子们的想象力，让孩子们感受到了艺术无处不在，让他们发现自己也可以轻松地创造艺术。她疯狂另类的教法让淘气的孩子也觉得艺术是如此有趣。她的办公室没有垃圾桶，她什么东西也不扔，什么东西经过她的手都成为一件不可多得的艺术品，她被孩子们认为是一位需要帮助的严重的心理疾病患者。

在《我们的狂热音乐老师》中，音乐老师在课堂上跳霹雳舞、玩摇滚、唱说唱歌曲，给孩子们排音乐剧，学敲击，练饶舌，被一些学生看成是不务正业，要求校长开除他。可是校长走进音乐室后竟然和他一样疯狂，还任由音乐老师敲自己的光脑袋。这样的音乐老师不但没有被校长开除，反而被大加赞赏，深受孩子们的欢迎，音乐课成了孩子们期盼的课。

在《我们的邪门体育老师》中，孩子们在一贯喜欢的体育课上没有玩篮球，没有学橄榄球，而是在老师的要求下玩平衡羽毛、跳小鸡舞、玩抛接头巾，老师像孩子一样加入了游戏的队伍。不仅如此，学校大人还在体育老师的带领下玩起了小孩子玩的游戏，使得孩子们认定，必须想个办法让体育老师长大，让其举止和大人相称。

作品俨然是以一个八岁的二年级孩子的口吻叙述的，而且这个孩子是我们观念中的淘气的、不爱学习、喜欢和"好学生"作对的"后进生"，他或许会让很多老师头疼，或许会被很多老师斥责，但是书中透露的却是他的可爱和童真。书中的他并没有因为"讨厌学校、讨厌读写算、爱捉弄人"而被老师责骂，而是时时处处被老师宽容，被老师善意地引导。

在我们的学校也有这样的孩子——有自己独特的个性的孩子，他们率真淘气，他们被学校严肃的气氛禁锢而显得有些逆反。面对这样的孩子，我们大多数老师首先想到一个字——"烦"！于是这样的孩子，得到的是呵斥，是一次又一次的警告，是老师一而再、再而三的说教。久而久之，孩子要么变本加厉，闹得更凶，让老师毫无招架之力；要么被压制得了无生气，正如鲁迅先生所说"不在沉默中爆发，就在沉默中灭亡"。磨灭棱角的教育！我又想起了丰子恺先生的一幅漫画，漫画的题目叫"教育"，画的是一位"先生"，手里拿着一个模具，正弯下腰往"泥"中压下去，而旁边则立着他的作品，一个个一模一样的小人儿。

书中的孩子是幸福的，校长不是板着脸孔的裁判，也不是批评的权威，而是让孩子感到可敬又可爱的同龄人；老师尊重他们，而且具有同理心，既把他们看成孩子又把他们看成具有独立人格的人；老师爱护他们，想尽一切办法吸引孩子喜欢自己、喜欢学习、喜欢读书、喜欢合作。

重要的是，作为一名教育工作者，书中的校长也好、老师也罢，都是把孩子当作孩子看待！

六册书中的三册开篇都是"我的名字叫阿仔，我讨厌学校"；结束一句都是"这可不容易"！其实这是感情、态度的一个重大的转变，讨厌学校是因为讨厌枯燥的读写算，还有那处处要和自己较劲的优等生，最后却是老师的种种做法，使得自己感受到了老师的有趣、美术的有趣、阅读的有趣甚至昔日讨厌的同学的有趣，使得自己信心百倍地要改变奇怪的、神经的、疯狂的校长和老师。是不是真的要改变呢？一句"这可不容易"道出了孩子天真、可爱的本性。

虽然这是疯狂学校，是孩子们心中的学校，虽然我们校长不可能踩着滑板进校门，虽然我们的班主任不能佯装不懂"三乘三等于九"，虽然我们的美术老师不可能拿着明知粘着学生鼻涕的纸巾去做手工，但是，我们的观念、我们的童心应该被《疯狂学校》唤醒！

2009 年 8 月 28 日

孩子，你慢慢来

——读龙应台《孩子，你慢慢来》

没有人告诉做母亲的对孩子要有耐心，她小的时候也是这样慢慢腾腾的，因为她的母亲也是这样对待她的。于是，如此循环下来，孩子们都是在家长的高要求、高标准中成长，少了很多成功的喜悦和体验，少了很多本该属于他的赏识，多了责备，多了埋怨，多了挫折感。

当孩子在写字的时候，我们在旁说："你怎么写得这么难看！"当孩子在堆积木的时候，我们在旁说："你怎么这么摆呢！"当孩子用他小小的手在绑鞋带的时候，我们又不耐烦了："你怎么这么慢呢！"当孩子在思考一道数学难题的时候，我们还是少不了插嘴："你怎么这么笨，半天也没有想出来！"

孩子呀孩子，你真让人同情！家长呀家长，你真让人感到可悲、可怜！

　　对于家长来说，孩子毫无疑问是自己的心肝宝贝，给为人父母的自己带来了无穷的乐趣。可是，孩子长大了，面临的不再仅仅是乐趣和热爱，还有责任，有教育的责任，通过教育的个体才会转化成一个真正的社会人。很多父母都对孩子充满期望和憧憬，可是更多的父母随着孩子的长大，心中的期望值却随之降低，甚至降到最后完全不在自己的掌控范围和思想范围内，只得用阿Q精神安慰自己："顺其自然吧！儿孙自有儿孙福！"

　　龙应台是位成功的作家，被称作华人世界最有影响力的一支笔，她的文章具有万丈豪气。五一前夕，我在星海音乐厅聆听过著名话剧演员姚奚娟老师朗诵她的作品《亲爱的安德烈》，当时感觉内心深受震撼，为姚奚娟老师的动情朗诵，更为一个伟大的母亲对孩子的谆谆教导和良苦用心。

　　那天，我看到了《孩子，你慢慢来》，读来非常平实，透过这平实，我分明看到了一位耐心的母亲、内心充盈着爱的母亲，看到了一个温馨幸福的小家庭，看到了一个快乐的、可爱的、聪明的、健康地成长着的孩子。正如封底的一段话："这本书里的龙应台是一个母亲，与生命的本质和起点素面相对，做最深刻的思索，最不思索的热爱。它不是对传统母职的歌颂，它是对生命的实景写生，只有真正懂得爱的作家才写得出的生活散文。"

　　我被龙应台的细腻和真实所感动！"谁能告诉我做女人和做个人之间怎样平衡？我爱极了做母亲，只要把孩子的头放在我胸口，就能使我觉得幸福。"

　　没有哪个做母亲的不爱自己的孩子！可是爱的方式千差万别，有人爱得理智，有人爱得无所顾忌；有人爱得艺术，有人爱得空洞；有人的爱是尊重，有人的爱是迁就；有人的爱是引导，有人的爱是顺从；有人爱得清爽而粗狂，有人爱得甜腻而狭隘；有人只是关注孩子的智力培养，有人是智慧与个性并重；有人爱得严格，有人爱得放任……但是，在这个浮躁的急功近利的社会，更多的却是对孩子近乎激进的"逼迫"：不考虑孩子的兴趣和爱好，越俎代庖，为孩子选择钢琴、小提琴；不考虑孩子的接受能力，一厢情愿，为孩子报读"奥数""奥英"；不考虑孩子的学习基础，揠苗助长，让孩子考"四级""六级"……压力大了，心理问题也多了，所以学校的心理咨询室便成为未成年人思想道德测评体系的重要指标！呜呼！

　　希望做母亲的都来读一读《孩子，你慢慢来》，希望做教师的也来读一读《孩子，你慢慢来》，这样无论是做母亲还是做教师，心态都会更加平和，都能理解孩子的可爱与不可爱的行为，都能学会耐心地等待，等待各种花开的季节。孩子评价母亲"以一种安静的、潜移默化的方式把我教育成了一个像一株小树一样正直的人"。"她对我一方面极其严格，督促我努力学习、认真做事，另一方面又极其讲究自由尊重和理性思考。"

《孩子，你慢慢来》，"孩子，你慢慢来"！喜欢这本书，更喜欢这句话。它让我想起了曾经读过的《读者》中的一篇散文《牵着一只蜗牛去散步》，作者是台湾大学生物环境系统工程学系教授张文亮博士。现将这篇隽永的小品文《牵着一只蜗牛去散步》原文摘录如下：

> 上帝给我一个任务，叫我牵着一只蜗牛去散步。
> 我不能走得太快，蜗牛已经尽力爬，但每次前行都是那么一点点。
> 我催它，我唬它，我责备它。
> 蜗牛用抱歉的眼光看着我，仿佛说："人家已经尽力了嘛！"
> 我拉它，扯它，甚至想踢它。
> 蜗牛受了伤，它流着汗，喘着气，往前爬。
> 真奇怪，为什么上帝叫我牵一只蜗牛去散步？
> "上帝啊！为什么？"天上一片安静。
> "唉！也许上帝抓蜗牛去了！"
> 好吧！松手吧！
> 反正上帝不管了，我还管什么？
> 我苦恼着，任蜗牛往前爬，自己坐在后面生闷气。
> 咦？我闻到花香，原来这边有个花园。
> 我感到微风吹来，原来夜里的风这么温柔。
> 慢着！我听到鸟声和虫鸣，我看到漫天的星斗多亮丽。
> 咦？以前怎么没有这些体会？
> 我突然想起来，莫非是我错了？
> 原来上帝叫蜗牛牵着我散步！

让我们慢慢来，让我们耐着性子学会等待，让我们对孩子说："孩子，你慢慢来！"让我们用心欣赏孩子成长的每一个细节，享受孩子一朝一夕的变化！让我们用心欣赏孩子成长的每一个片段，享受孩子一喜一怒的真实！让我们尊重孩子成长的每一个规律，享受孩子一张一弛的精彩。长长的路，慢慢地走！长长的路，健康地走！

让孩子真实、快乐地成长

——读秦文君《一个小孩的心灵史》

闲来无事，翻开孩子初一时购买的课外读物，由人民教育出版社出版的《中国学生成长读本》。书是六年前买的，但因为书中所有的文章都是编辑们精心选择的经典之作，值得反复阅读、细细品味。因而孩子初中毕业并没有将它像其他一些书那样清除。

打开目录，上面还可清晰地看到我的墨迹"一天两篇，一篇朗读，一篇默读"。我想起来了，这是我给孩子布置的阅读任务呢！孩子履约了吗？是囫囵吞枣还是细细咀嚼呢？不知这些恍如粒粒珍珠串成的经典之作是否触动过孩子的心？不知这些闪耀着光芒的思想是否给成长中的孩子带来心灵慰藉？不知这些充满爱的心灵絮语是否让成长中的孩子感受到激励和共鸣？

昨天看了《成长的节拍》这个栏目的五篇文章，最让我不能平静的是《讨饭》和《一个小孩的心灵史》。如果说《讨饭》中的小主人公的成长让我感动和欣慰，那么秦文君的《一个小孩的心灵史》则让我震颤，甚至刺痛，留给我、留给我们教育工作者太多太多的思考。

作者用一个母亲的口吻，叙述孩子从出生到十岁的变化。孩子在一个温馨的、爱的氛围中长大，天真活泼，充满好奇，"小小的心灵里盛满阳光和快乐"。孩子上了幼儿园，尽管她的画总是画得不好而没有红星，但是她在妈妈的赏识下依旧快乐，依旧自信，依旧充满创造力，心灵依旧安详。带着一颗兴奋与憧憬的心，孩子上小学了，可是接踵而至的一本本的作业、一遍遍的抄写让孩子疲惫，孩子鲜活的个性也渐渐地消失了。当然，孩子最后适应了老师的要求、适应了学校的教育，成为察言观色、善于掩饰、趋于从众的心灵不再纯净的"好孩子"。这样的孩子何止是一个呀，几乎从每一个孩子的身上都可以看到这样的影子。作为一位母亲，作者的心在颤抖、滴血。作为一位母亲，作者又始终保持着清醒，不愿随波逐流，坚信并给世人一个警告：爱和自由、高尚确实存在，这是人类的理想和骄傲，坚信这一点的人，才不至于鼠目寸光！这句话不仅是说给女儿，也说给每一个教育孩子的人。

我和作者有同感，作为一位母亲，我尊重孩子，努力地给孩子营造一个温馨和爱的氛围，让孩子的童年过得快乐和滋润，让孩子尽情玩耍，在玩耍中进行思考，在玩耍中拓展视野，在玩耍中学会规则，在玩耍中学会创造。就如作者的想法："在现代社会中，大人和小孩缺乏的并不是掌握各种知识、技术的能力，而是一种创造的热情以及怀有一个抗拒焦躁，丰富、高贵、安详的心灵。"

尽管社会上有种种的陋习和潜规则，尽管有黑暗的碎片，尽管我也忧心忡忡，但是我始终教育孩子向善、向真、向美，我希望孩子不世故、不守旧、不狡诈，拥有一颗坦荡的、高贵的心灵。我们都以积极阳光的心态面对生活！

作者让我这个教育工作者汗颜，是学校剥夺了孩子的快乐，是教育压抑了孩子的个性。我所在的学校的孩子们又是怎样的呢？一定也有孩子要面对大量的不知所措的作业，一定也有孩子抱怨老师处理问题的方式。可是，我多么希望我们的孩子是幸福和快乐的！我也经常问学生："你们喜欢上学吗？"我也经常审视孩子们的表情，察看他们。我喜欢甜美的、纯净的问候，我喜欢看孩子们在操场上奔跑和游戏的身影，我喜欢倾听他们欢快的叫喊声，甚至，我默许高年级的孩子在篮球场"厮杀"着不愿离去……

我限制着老师们布置作业的数量，我告诫老师们孩子们的心灵世界也是高贵的，我再三强调要尊重孩子们的兴趣而不是唱好独角戏，我一再极力倡导为孩子们的成长搭建更多的、更大的舞台，我一再推崇不用尺子去评价我们的孩子们，多聆听孩子们的声音，允许孩子们在失误中成长……我还反复说：幸福着你的幸福，快乐着你的快乐。孩子们的幸福和快乐才是我们的成功和快乐！

每一年的新生家长培训都由我亲自执掌。我苦口婆心，提醒家长，家庭的耳濡目染、父母的言传身教是对孩子润物细无声的教育；不要让家长的权威泯灭了尊重孩子的童真和独创性，要给孩子营造尊重和爱的氛围；要让孩子始终保有一颗善良的、积极的、阳光的心灵，鼓励孩子坦然面对困难、面对挫折。

作者在文中写道："教育应是一扇门，推开它，满是阳光和鲜花，它能给小孩带来自信、快乐，小孩才会学得积极、自觉。"

就让我们的孩子真实、幸福、快乐地成长！

2012 年 9 月 8 日

重新学习阅读

——读《如何阅读一本书》

从北京培训三个月回到广州的第二天，我便开始翻开这本书——不知何时放在床头柜上的这本《如何阅读一本书》①，除去与亲朋好友的聚会和零零碎碎的时间，足足用了五天，其中有三个整天是踏踏实实地坐在桌前，将扭伤的脚高抬在桌上，采用最舒适的姿势来享受阅读的。

已经忘却了当初买这本书的初衷，是为了提高自己阅读的效率，是为了向老师们推荐如何在繁忙的工作之余高效地选择和阅读，还是为了向孩子们介绍阅读的方法，或者兼而有之。

这的确是一本好书，好书的标准当然是实用，而实用则取决于它是否能启迪读者思考，是否能给予读者力量，是否能学以致用，解决实际中的问题。而这本书，恰恰满足了我的要求。

书中曾引用弗兰西斯·培根的一段话："有些书可以浅尝辄止，有些书是要生吞活剥，只有少数的书是要咀嚼与消化的。"《如何阅读一本书》就是要咀嚼与消化的，而且易于咀嚼与消化。

这本书对阅读的层次进行了分类，第一个层次是基础阅读，第二个层次是检视阅读，第三个层次是分析阅读，第四个层次是主题阅读。

这本书的第一个特点在于：在目录部分就可以得知整本书的主要内容，或者说从目录中就可以清晰地看出整本书的脉络与概要，让你非常清楚这本书的具体内容有哪些。这本书共有四篇，第一篇为阅读的层次，其中每一章下面都列出了主要内容，例如"第四章阅读的第二个层次：检视阅读。检视阅读一：有系统的略读或粗读，检视阅读二：粗浅的阅读·阅读的速度·逗留与倒退·理解的问题·检视阅读的摘要"。再来看看第五章的标题：如何做一个自我要求的读者。其中的内容历历在目——主动阅读的基础：一个阅读者要提出的四个基本问题；

① ［美］莫提默·J. 艾德勒、查尔斯·范多伦著，郝明义、朱衣译：《如何阅读一本书》，北京：商务印书馆 2012 年版。

如何让一本书真正属于自己；三种做笔记的方法；培养阅读的习惯；由许多规则中养成一个好习惯。于我而言，不自觉地就有了那种一睹为快的冲动。到后来，我将"一个阅读者要提出的四个基本问题"写在了这本书的扉页，用它们来衡量这本书的意义和价值，也是今后阅读的指导。这四个问题分别是：①这本书的整体内容是在谈什么？②内容的细节是什么？是如何表现出来的？③这本书说的是真的吗？全部真实或者部分真实？④这本书与我何干？

这本书的第二个特点在于：提供了阅读不同读物的方法。它的第三篇用七章分别介绍了实用型的书，想象文学，故事、戏剧与诗，历史书，科学与数学，哲学书，社会科学等读物的阅读方法。在"如何阅读哲学书"这一章中，作者有这样一段话，颇能引起我们的反思："在我们成长的过程中，不知是什么原因，成人便失去了孩提时代本来就有的好奇心。或许是因为学校教育使头脑僵化了——死背的学习负荷是主因，尽管其中有大部分或许是必要的……所有这些都在打击一个孩子的好奇心。他可能会以为问问题是很不礼貌的行为。人类的好问从来没有被扼杀过，但很快地降格为大部分大学生所提的问题——他们就像接下来要变成成人一样，只会问一些资讯而已。"之所以为这一段话作批画，毫无疑问是职业使然。

这本书的第三个特点在于：在附录中推荐了阅读书目以及给读者提供了四种层次阅读的练习与测验。让我不解的是，为什么译者没有将作者推荐的书目翻译成中文，让如我这般英文水平的读者能够第一时间就获得这些书目的信息，早日搜罗到自己的书桌上或书柜里。四种层次阅读的练习与测验很有意思，每一个层次都提供了两个练习，每个练习都是西方经典名著的目录或选段，比如但丁《神曲》目录、达尔文《物种起源》目录、《艾萨克·牛顿爵士传》选段，资料中还有主人公或作者的背景介绍，限定被评者在一定的时间内浏览完毕，然后答题。读者不仅可以从中获得有用的资讯，还能提升自己的阅读技巧，对自己的阅读水平进行有效的评估。四种层次的练习后面附有每个练习的答案，每一个练习过后，我都忐忑地将完成的情况与答案对照，有时欣喜，有时自我安慰。

毫不羞愧地说，自己所读之书不计其数，但是真真正正让我如数家珍般值得镌刻在记忆深处的竟然屈指可数，尤其是近几年读了不少课题研究所需要的书籍，很多触发了灵感、开拓了思路，为研究和行动提供了鲜活的思想，或许这正是所谓的学以致用吧。但是，面对汗牛充栋的书籍，我更多的是感到茫然，该读一些什么书？怎样的书才是有价值的？海量的信息如何筛选，哪些才是真金白银？读怎样的书才可以少走弯路，才可以不必浪费越来越宝贵的时间？

自己读书的时候，喜欢在书上涂涂画画，做些记号或者写下当时的感想，甚至索性在一旁展开一本笔记本、放上一支笔，所谓不动笔墨不读书。冲动的时候，觉得有感而发，有留下的价值，于是就写下自己的整个阅读历程和思想。只要书上有我旁注、批画之处，我必将其页码写在目录相应的章节之下，便于日后自己有需要时可以有针对性地查找，或者在重读该书的时候，有所选择，有所侧重，这样可以省去不少时间。

读了《如何阅读一本书》，我重新获得了一些新的读书方法，对曾经的读书方法有了更为深刻的体会。重新审视自己的阅读历程，我更加感觉到生命的短暂和宝贵，不能轻易地将时间浪费在毫无意义的事情上，包括阅读一些并不能提升自己生命质量和思考质量的书籍。今后在选择书，包括购书和借书的时候应该更具有针对性。面对一本书，首先应该回答上述四个问题，尤其要问"这本书与我何干"，有所筛选，不吝放弃。读的时候也不必每一章节都平均用力，要快速地检索，精准地分析，用最短的时间捕捉信息，引发深刻的思考。不要忘记阅读的最终目标：让一本书丰盈生命，促进心智的成长！

2013 年 7 月

五 遇见可敬的师长

　　有的老师认为，外出学习和培训既浪费时间又辛苦疲惫，因此放弃了很多机会，这显然是一种遗憾！事实上，无论是参与学科教研还是管理培训，带给我的收获是不可比拟的。有时获得方法和策略，有时触动心灵、激起共鸣，有时为培训者独特的人格魅力所折服……他们对教育的认知和责任，他们对教育的思考和智慧，让我在追逐教育梦想的道路上三省吾身、历久弥坚，不忘出发的目的。每一次遇见，都显得弥足珍贵；每一次遇见，都是一种享受！

倾听和分享都是乐趣

跟随着教研员陈艳梅老师，我们数学中心组一行七人来到了增城新塘二小参加市教研活动。

整个活动分两个环节。首先是由黄埔区的老师异地教学，上了一节二年级总复习课的练习课，然后针对主题分年级研讨，各年段的中心发言人皆是我区中心组成员。

根据陈老师的安排，我和林练负责低年级。林练长期负责低年级教学，教学经验很丰富，看得出来，她做了充分的准备。她用具体的表格、案例、结构图把自己在复习期间是如何进行前测、如何进行知识的归纳与整理、如何收集学生的错题和进行分析、如何设计有针对性的练习和进行跟踪，清晰地展示在大家面前，相信能对老师们有具体的指导作用。最后，林练老师告知所有材料都会在"天河部落"分享，显示了天河教师毫无保留、分享共赢的博大胸襟。

市教研室小学数学科科长杨建辉老师进行了精彩点评。

我很认同杨老师关于课前、课中、课后的说法。是的，复习课并不是单纯的一节课，而是一个系统工程。课前至少要做两件事，其一是必须通过前测分析学生的既往作业，通过谈话等方式了解学生的知识状况，哪些是掌握得比较好的，哪些是模糊的，哪些是理解错误的，即所谓的查漏补缺。其二是不能视复习册为法宝，没有自己的理解和认识，只是按部就班地准备。而应该对整册教材进行重新备课、重新设计，根据学生的认知规律和知识的内在系统进行整理，考虑哪些是重点，哪些是容易混淆的。其三是关注两头，不要遗忘优等生。我们的老师在总复习期间，总是把更多的精力花在如何转化学困生上，这是可以理解的。但是，也不能把优等生遗忘了，应该让他们有"吃饱"的感觉，让他们在复习期间得到更大的挑战和成功感；否则，对他们是不公平的。所以，课堂上应该为他们创设一些空间，为他们设计一些有挑战性的练习，满足他们的知识需求和心理需求。

课中，我的复习课基本上由三个环节组成。一是目标导向。让学生回顾有哪些知识点，用这些知识可以解决怎样的数学问题，这些知识点和知识点的运用（陈述性知识、智慧技能）就是我们复习的知识目标。二是整理归纳。让学生通过自主回顾、同桌启发相互交流、老师指导的方式对知识点进行重新的认识和梳理。三是练习巩固。分基础性练习、重点内容的练习和易错点的练习、拓展性练习。练习要达到既全面覆盖，又突出重点；既满足全体，又关注两头；既有静态的书写，又有出声的思维。

课后，要认真地批改学生的每一次作业，在作业中了解学生的复习效果。尤其是对于心中有数的学困生，要认真地分析错误的原因所在，对他进行个别辅导，再设计相同题型的练习以检验效果，直到完全掌握为止。

好久没有参加这种跨区域的交流，虽然路途劳顿，但大家都有一个共同的体会：不虚此行。

2008 年 6 月 17 日

环境　勤奋　良好的心态

——聆听特级教师吉春亚的习作指导课

“标”定准了，就要顺学而教，顺学而导。北京市特级教师吉春亚老师用一节习作指导课诠释了自己的教学理念。

今天上午在体育东路小学聆听了一系列关于作文教学的研讨话题，并欣赏了精彩而扎实的习作指导课，触动我的是互动阶段吉老师对她成长之路的回顾。是不是正因为她的经历，所以提供给孩子们的范文也下意识地给予孩子这样的启示呢！——树立目标，不怕任何艰难险阻。坚持到底，将来的成功一定属于我。

面对老师们“如何提高自己的功底”这个问题，吉老师的答案是：首先是受人文荟萃的江浙文化和具有中医世家、教育世家的双重家庭的浸染。其次就是勤奋。她曾经一年之中订阅过 32 种杂志，有关于小学语文教育、中学语文教育的，还有关于儿童心理学和课程教材教法的，她如饥似渴地读书，分门别类地做笔记；她曾经沉浸在图书馆，复印了 1 000 多张图书资料，记录的笔记达 10 本之多；她广泛涉猎，跳出了教育这一孤独的圈子，学习美学、哲学等，而后又反哺教育；她历经艰辛，登门寻访有智慧的前辈；她不停地笔耕，每天坚持写一篇 1 000 字的散文……

正如她在教学中所引用的格言：宝剑锋从磨砺出，梅花香自苦寒来！

我想吉老师之所以能心无旁骛地专注，能拥有才高八斗的智慧，能沉下心来淡定地甚至旁若无人地对待每一天、每一节开放的课堂，答案就在于她自己所说的："把工作当作一件平常的事来做，静下心来才能从容！"把"心"压下去才能生"慧"。

对待工作是这般的从容，对待生活也是这般的自如。这是一种真正的境界，这种境界该有多少历练才能达成，现实中很高境界，是很多人都以为自己已经登峰造极，实际上却遥不可及。因此，除了环境，除了勤奋，良好的心态也是成才的一个不可或缺的前提呀！

吉老师成功的经历给在座每一位老师留下了难以磨灭的印象，尤其为我们年轻的老师带来非同寻常的启示。

当我们抱怨没有时间读书的时候，当我们抱怨学校要求我们每周一篇反思的时候，当我们抱怨学校没有提供机会给予老师培训的时候，当我们抱怨工作烦琐的时候，当我们抱怨孩子总是出其不意地给你惹麻烦的时候，当我们抱怨课堂上总是按了葫芦起了瓢、学生一点也不着调的时候……请你让自己的心先静下来，少安毋躁！然后将它们一一罗列，找找自己为什么会有这些想法？导致这些想法的原因是什么？该如何解决？是疲于应付还是主动出击？是怨天尤人还是自我反思？努力地让我们的心平静下来，让我们的条理清晰起来，让我们的工作快乐起来。

伴着愉快的情绪和平静的心态，我们的满腹经纶才有用武之地，我们才能有智慧去走进文本，找到"标"在哪里，然后顺学而教，顺学而导，让课堂和自己浑然一体。

2011 年 3 月 19 日

思想开花　理念落地　特色生根

　　学校特色是每一所学校、每一位校长孜孜不倦的追求。因而，我们的办学就是行走在学校特色建设的路上，刘永胜校长就是这条路上一位杰出的代表，也是每一位校长的楷模。对"我能行"教育特色的成功探索，让刘永胜和光明小学的名字共同载入中国教育的史册。

　　作为全国教育系统劳动模范、全国模范教师、北京市模范校长、北师大校长培训学院兼职教授、北京光明小学原校长刘永胜，今天下午与我们分享了"行走在学校特色建设的路上"这一成果。关于学校特色建设的话题我参与过很多次，也多次阅读相关的文章，但是，生动的讲座仍然让我思维涌动、倦意顿消。

　　为了丰富和补充资料，回到宿舍后，我上网搜索了关于刘校长的介绍，更进一步地走近刘校长。他的事迹让我佩服不已、感慨不已。概括地说，他是一位有教育思想的教育实践家，还是一位在学科领域成果卓著的学者，更是一位善于成就他人的智者。

　　刘校长的报告分为五个部分：学校特色建设的意义、学校特色的理解、学校特色的五性、学校特色的创建过程、学校文化建设。不仅有理论、有操作，还引用了具体的案例。我想，对于大多数学员来说，在理清了学校特色项目和办学特色之间的关系之后，重点在于了解学校特色建设的实施过程。反思自己十年办学，前三年可以说是在迷茫和求索中度过的，理顺学校管理流程且完善了教育教学管理的各项制度，引领这所底子薄弱的学校步入了良性发展期。第二个三年开始追求特色，以礼仪教育为突破口，实施全国"十一五"课题子课题"小学生礼仪习惯培养研究"，提出"科研兴校、以礼育德"的办学思想，当时自觉时机不成熟，再加上缺乏一定的认识和理论水平，并没有进行立体的建构，或许只能称之为学校发展的一种策略吧。在此期间，学校的课题研究收获颇丰，学校曾作为全国研讨会现场，多家媒体对学校的"礼仪银行"和"礼仪棋"进行报道，教师论文纷纷发表和获奖。2009 年，该课题立项为广州市"十一五"德育重点课题，结题时作为典范在全市进行结题报告的展示，获得专家的高度好评。当然，更为重要的是社区、家长对这所城中村学校孩子的文明言语、礼仪行为称赞有加。

2010 年，在又一个五年规划制订前期，全校教师献计献策，家长、学生、社区共同参与，达成共识。基于学校礼仪教育的成果，基于学校既有的优秀传统（教师敬业奉献、团队意识强），我们确立了"美行教育"的思想，形成了关于学校愿景、校训、师训、生训的核心理念，且构建美行德育、美行团队、美行管理、美行课堂、美行活动五个体系。正如刘校长所说的那样，特色建设需要以课题为载体，我校开展"小学生礼仪习惯培养的发展与创新研究"就是探索如何构建以礼仪为基础的"美行教育"模式。

学校特色的形成不是一朝一夕的，必须经过长期的思考和实践。就我而言，校长的思想也不是一朝一夕就可以形成的，它是一个痛苦的过程，需要不断地思考，不断地否定，不断地批判，不断地修正，甚至是在煎熬中渐渐萌发。

萌发了的思想要让它开花，香远益清，落地后成为理念，扎牢后成为特色的根，让它蓬勃。

报告虽然结束了，但刘校长的办学思想和他的著作将是我继续学习和研究的蓝本，虽然我无法企及刘校长的高度，但我可以像刘校长一样"善待老师、善待学生、善待家长、善待自己"，我能够把"整个的心献给整个的学校"。

远在京城，远离了一些纷扰，但我的学校却挥之不去，深深地印在我的心里。我相信，我期望，三个月的日子会让我为它注入更为鲜活的思想，更加充实的理念，丰满它的灵魂，凸显它的特色。

2013 年 4 月 27 日

以教育家的情怀引领课堂文化

对于任职校长十年的我来说，所听专家报告可谓不少，讲课专家大多来自高等院校和科研院所，如果历数来自基层一线的，大多是小学校长，或者具有小学管理经验的局领导。中学校长屈指可数，而王建宗校长就是其中之一。当然，王建宗校长能走进北师大校长培训学院的讲坛，在于他异于普通中学校长的智慧。王建宗校长，何许人也？王建宗，北京市特级教师，现任北京市第十四中学校长、党总支书记。他曾获"五四"奖章、北京市先进教育工作者、卓越校长等荣誉称号，先后被《中国教育报》《现代教育报》《中小学管理杂志》《北京教育杂志》等多家报刊专题采访。

翻看自己的笔记，慢慢地咀嚼王校长近三小时恳切、坦诚、朴实而又语重心长的讲述，不难理解王校长何以拥有如此骄人的业绩并荣膺诸多的荣誉，何以登上北师大培训学院校长培训学院的讲坛。

讲课的过程中，王校长毫无保留地分享了自己成功的经验：

第一，作为一名校长，要准确解读学校教育。学校教育并不是一个陌生的话题，但是"我们已经走得太远，以至于忘记了出发的目的"。对于学校教育，现在反而是乱象丛生，扑朔迷离。而王校长的几个问题：学生在学校，什么活动最多？教师在学校，什么工作最重要？校长领导学校，以什么角色为主？让我们从本质上辨明"准教育""真教育""假教育"，必须始终把课程和教学看作学校的中心工作和重要元素。

所以，作为一名校长，要"不畏浮云遮望眼"，坚持研究教育规律，把握学校的本质，这样才不至于人云亦云，偏离目标。作为一名校长，要经常思考，思考关乎学校、关乎教育的真问题。例如："教学是什么？""课堂是什么？""课程是什么？""教育是什么？"……王校长还谆谆"教导"我们，教书育人更需要科学性。

第二，作为一名校长，要拥有教育家的眼光。"仅靠经验能当教育家吗？"可见王校长高远的目标和不凡的追求！是呀，不想当元帅的士兵不是好士兵，不想当教育家的校长不是好校长。可是，如何奠定教育家的基础呢？王校长毫无保留："历史不记载经验，经验为什么不至于让我们精彩，因为经验缺的是理性。学者的理性和校长的经验的融合，成为实践理性兼备的大家。"我的理解是，作为校长，不仅要在实践中总结经验，而且应该有教育理论和管理理论作为支撑，让经验提升为一种思想。如杜威、陶行知、苏霍姆林斯基……有思想的校长让人刮目相看、肃然起敬！

第三，作为一名校长，要学会学习。王校长说他经常听报告，回来后还反复听报告的录音，甚至听三五次之多，一边听一边思考。"听报告时，要往自己学校的魂上想，看看是否能给自己带来灵感。"这不正是孔子"学而不思则罔，思而不学则殆"的真实写照吗？到北师大近两旬，每一场报告我们都不忘初衷，除了往自己的脑子里输入越来越多有价值的思想，还随时与自己的学校产生链接和碰撞，为的就是要学以致用，改进我们的学校。另外，王校长说自己每次讲课都尽量不重复，对于同一主题，只是保留过去内容的20％，因为经过不断的学习和思考，不仅丰富了原来的思想，还产生了新的思想，有新的输入就必须有新的输出。

第四，作为一名校长，要做课堂文化的引领者。对于课堂中的两大角色——教师和学生，与时下许多时髦的说法迥异的是，王校长语出惊人："高效的课堂仍然是教师的课堂！会教学的才是好老师。课堂是老师带着学生经历没有经历过的经验的过程。""教学要追求教与学的协调同一性。"王校长还以初中的数学课"三角形内角和"为例，辅以说明"学科教学须以培养思维品质和理解力为重点"。而这，也正是王校长今天所作报告——"以精神文化引领学校发展——校园文化建设的核心发展"的主旨。

课堂是教师和学生生命的一部分，学生一年下来有 1 000 多个 40 分钟是在课堂度过的，课堂的问题解决了，教学质量问题就迎刃而解了，学生过重的课业负担也就随之烟消云散。

不可忽略的是，在引领学校的精神文化核心——课堂文化之前，我们应该了解现代的课堂文化，应该了解课程改革的目标，应该了解现代的教学论和教育学、心理学理论，应该了解学科课程标准……

王校长指出，现在教师在教学中突出的问题是对教材缺乏深入的了解，深以为然！错误或过于肤浅、过于深奥的解读谈不上所谓的课堂文化，甚至将导致思维品质和理解力的倒退。

窃以为，作为课堂文化的引领者，作为校长，在对教师课堂教学进行临床诊断的基础上，首先要指导教师做好两件事：

其一，理解教材，其实就是过去所说的"备教材"。要弄清楚新知识的来龙去脉，即这一内容是建立在过往哪个内容之上的，作为承前的知识是今后哪些内容的基础，这样才能确立准确的目标。

其二，分析学情，关键是了解学生已经知道了什么。美国当代认知派教育心理学家奥苏贝尔说过："如果我不得不把全部教育学、心理学原理还原为一句话，我将会说，影响学生唯一重要的因素是学习者已经知道了什么，并据此开展教学。"事实上，我们很多老师都没有进行学情分析，一厢情愿地实施自己的课堂教学计划。更有甚者，拿着名师的优秀教学设计选集和网上的教学设计去上课。

要当一名好校长，真不是一件容易的事，要成为一名教育家更是任重道远。王建宗校长给我们树立了榜样，为我们提供了方法，让我们对教育家的认识更清晰了一些！

王校长的报告，有诸多可圈可点之处。正如王校长之言："今天你可能不赞成我的观点，或许明天你就会认同。"然也！

2013 年 5 月 4 日

天下大事必作于细

——天津市河东区实验小学办学特色

"教育就是养成习惯。"陶行知先生这句话不仅耳熟能详，常常挂于唇间，还谨记在心里，但是真正落实在行动上的，能不折不扣地将思想付诸行动且硕果累累的恐怕不多。

以"习惯教育"为特色的天津市河东区实验小学杨军红校长借用老子《道德经》中的一段话"天下难事必作于易，天下大事必作于细。是以圣人终不为大，故能成其大。夫轻诺必寡信，多易必多难。是以圣人犹难之，故终无难矣"道出了其中的要旨。

杨校长从学校的基本情况开始娓娓道来，将我们带到了她倾心打造的校园，这里有独特而完整的办学体系，这里有健康活泼、洋溢着快乐的孩子，这里有流淌幸福、富于责任心的老师，这里有质量高效、愉悦合作的课堂，这里有"三院一中心"的学生社团，这里是拥有着 74 个班规模的"航空母舰"，这里更是全国安全卫生示范单位……

下课后，大家争先恐后地走到讲台前，簇拥着杨校长拍照，"抢夺"着杨校长带来的书、校报和印有学校独特图案的 T 恤，不失时机地向杨校长提出要到她所在的学校进行深入的交流和学习。凡此种种，无不传递着对杨校长的敬佩之情。

敬佩来自何处呢？我问自己。

（1）来自杨校长系统的思考。学校确立"六年奠基一生"的办学理念，确定"做学生喜欢的老师、创家长满意的学校、办人民满意的教育"的办学目标；提出"文化理校、思想办学、民主管校、科研兴校、发展促校、质量亮校、个性强校"的办学思路，以"习惯教育"为办学特色。这些提法听起来很朴实，也很普通，都不是时下很时髦的字眼。但是，支撑它们的却是毫不普通的四个体系：三棵"校训树"——培养学生终身受益的好习惯；"日清周结"——精细化的管理制度；"三大方略"——提高课堂教学效率；"三院一中心"——一种新型的课外活动管理模式。三棵校训树"好习惯、负责任、高质量"折射着学校"育人为本，德育为先"的培养现代公民素养的内涵，体现着全面发展的素质教育观，而这又与"六年奠基一生"的理念相辅相成。

（2）来自杨校长精细化的管理体系。羡慕杨校长能自信地宣称自己已达到"无为而治"的境界，但是杨校长毫不讳言"无为"之前的"有为"，而这"有为"在于一套完整的以制度为核心的管理体系，如《办公室格言》《传达室岗位职责制度》《河东区实验小学办公室卫生标准》《学生一日在校安全备忘录》等。当然，制度并不是摆设，而是为了执行；制度不是为了限制，而是为了更好地引导人；制度不是为了逃避，而是为了更公平地对待人。尤其是一系列的反馈制度和层层递进的激励机制，让教师和学生一次次追求自我实现的体验，追求做"更好的我"。也正是完善的制度让执行更坚决，实现"事事有人管，时时有人管，处处有人管，人人用心管"，也正体现了她对"精"和"细"的解读和追求。

（3）来自杨校长对课堂教学的专业引领。说到课堂教学引领，每一位校长都有一本经可念，甚至还为自己的做法暗暗自得，什么研读教材、什么课后反思、什么同课异构……今日听闻杨校长的方略，顿觉差距可比"银河落九天"。我们惯常的说课几乎都是就一节课而"以课论课"，而实验小学却能跳出这个圈子，立足"说教材"，其内容既有一册书的，也有一个单元的或者一个专题的，还有一个课时的。要求从课程总目标和学段目标、本册教材的内容目标、编写特点内容结构、教学建议与评价建议、知识和技能立体式整合、课程资源的开发与利用六个方面进行阐述，无疑高屋建瓴、恰到好处地解决了大多数教师存在的问题：对教材的浅层次理解、无视学生已有认知的行为和课程开发能力较弱等。尤其是其中对知识树的绘制要求，更是高人一筹！

作为精细化管理的体现，实验小学形成了自己的课堂教学模式，并以此为基本模式，形成了具有个性特色的学科教学模式，体现了学科的研究能力和团队智慧，这也正是优质教学质量的绝对保证。

我们也做课例研究，但实验小学的课例研究更显得有章可循，成为学校不可或缺的一笔宝贵的资源，也是教师专业发展最忠实的见证。

（4）来自杨校长善于跳出教育看教育。杨校长具有开阔的视野，她丰富的教学理念和管理思想以教育教学管理和学校的既有历史为基础，如果仅仅在这样一个圈子里未免狭隘和偏颇。所以，她从企业管理中汲取营养、从中华经典中汲取智慧、从别人毫无知觉的现象中发现问题，引发思考，迁移到学校管理中，让她的管理抛弃空洞和呆板，变得灵动而鲜活，直抵思想深处，达到期望的效果，直

至"无为而治"之境界。例如《新编"三个和尚"吃水》的故事、《热炉原则》、"地铁一号线和二号线差异"。

处处皆可圈可点：三院一中心、老师"倍儿棒"、每天一日志、给六年级孩子的信、亲自设计的图书馆……如今的"无为"，在于杨校长的人格魅力，源自"仁者爱人""智者无惑""勇者无惧"。

天下难事必作于易，天下大事必作于细。今天下午，杨校长向我们诠释了什么叫"卓越"！

2013 年 5 月 9 日

建构 研究 改变

今天上午，教育学院的朱志勇教授（他喜欢别人称呼自己的职称或学历而不是副院长的行政头衔）让我们亲历了一堂建构主义的课堂，课题是"学校教育的科学科研：中小学教师面临的职业挑战"。

朱教授采用的是小组学习的方式。首先给小组布置任务，以小组为单位对前两天提供的一份材料（材料是朱教授本人的一份研究综述《优秀校长的特质：媒体的视角分析》）进行质疑，然后由同学给予回应，最后由老师回应。同学们善于思考、善于批判，小组讨论后争先恐后地陈述观点。大家都憋着一口气，对上次论坛上朱教授的"偏激"和"诋毁"心存芥蒂，正想找机会狠狠"还击"，让他"体无完肤"呢！谁曾想，每一个问题都被朱教授反戈一击。

当然，醉翁之意不在酒，朱教授此举为的是了解大家对教育科研的认识，也就是学生已有的认知水平。

在提问与回应中，朱教授与我们共同形成了"教育科学研究"的科学概念，并不是用文字而是用结构图的形式鲜明地让我们抓住三个关键词：问题意识、科学方法、理论视角。

关于问题意识，朱教授依然是用一个案例来辅以说明。案例研究的要求有二：提炼出 2~3 个前后具有逻辑性的问题；针对每一个研究问题，详细设计"搜集资料的方法"。

各个组逐渐达成共识，接着便分组进行展示，引发大家对问题的思考和积极回应。真是惨不忍睹！十几个我们认为是"问题"的问题，全被朱教授画上了大大的"×"。在我们疑惑的目光中，朱教授启发我们思考，让我们明确：研究的是"实然问题"。"应然问题"需要以"实然问题"的科学研究为基础，围绕一个点进行连续发问，才具有逻辑性。

研究问题时不应有"价值判断"的概念。例如：如何制定一个科学的竞争方式？这不是我们研究的问题。朱教授对真问题给予了揭示，让我们有了更为深刻的认识。

我校科研的历史始于 2006 年，迄今为止，区、市、省级课题皆已囊括，这让我对研究方法有了一定的自信，尽管我所知皆来自专家的口中，来自专家的书中。可是今天，朱教授（信息还来自课前的调查问卷）却对我们的研究方法进行了质疑和批判，且指出"行动研究并不是一种研究方法"，这于我虽然不是惊雷，但足以让我疑虑。朱教授向我们简单介绍了量化研究和质性研究的作用以及下位的一些方法。针对我们头脑中研究方法的混乱，朱教授建议我们通过"百度""谷歌"等途径进行搜索，我暗暗下决心，一定要补上这一课，以免贻笑大方。

在理论视角部分，朱教授依然用事实说话，以自己深入课堂观察所得到的数据为背景，让我们透过现象看本质，从事实的层面逐步抽象为更加上位的概念，引发我们思考问题的深刻性。经过朱教授的启发，我们确是"跳一跳，摘到了桃子"。教授非常高兴，连连点赞："你看，专家就在你们中间。"课到此时，活跃的气氛、机敏的回应、深刻的分析、适时的赞赏让我们心中载满了成就感。我相信，同学们上课之前的"敌意""戒备"皆已烟消云散，取而代之的应该只有两个字：佩服。

朱教授再次使用课前提供的资料，从中明确学术研究的规范和程序：问题的起源、文献综述、研究方法、资料分析、结论与讨论、参考文献。

我深深认同朱教授关于校长应该具有"学者特质"的观点，他所提出的"学者型"校长的观点，将会激励我不断实践与思考，在工作中养成敏锐的观察力，善于发现有价值的问题，用先进的教育理念和科学的教育教学理论作指导，批判、研究、提高，从理论上反思和概括自己的管理经验，成为真正的"学者型"校长。

朱教授引用的最后一段话"一个人能够对某个问题有所知的唯一办法是听不同的人对这个问题所提出的不同意见，了解具有不同思维特点的人是如何使用不同的方法来探究这个问题的。所有有智慧的人都是通过这种途径获得其智慧的，

人的智力的本质决定了只有这种方法才能使人变得聪明起来"（约翰·斯图尔特·密尔《自由论》），恰恰引发了我们对现阶段学习的深度思考，我们聆听了诸多教授的课，我们该吸纳的、该接受的是什么？是知识吗？当然。但不仅如是，更为重要的是学会博采众长，学会批判地吸收，学会从不同的视角、采用不同的思维方式去分析问题和解决问题。

不得不赘言的是，课程改革的建构主义理论和自主、探究、合作的学习方式在上午的课中皆有体现。

2013 年 5 月 15 日

很简单

照片上的洪庆文教授风度翩翩，儒雅自信。讲台上的他，仍不失儒雅，但给人一本正经的感觉。我怀疑，面对"创新学校管理 提高领导魅力"这一老生常谈的话题，儒雅、斯文、正统的洪教授能给我们带来新鲜的感受吗？课堂的沉闷一定是在所难免的。没想到几分钟后完全改变了我对他的刻板印象，洪教授智慧、活泼、亦庄亦谐的风格，信手拈来的教育和非教育案例，独辟蹊径的讲课方式撞击着我的大脑神经，闪烁出思维的火花。

洪教授洒脱的言语给课堂带来阵阵的笑声，其中给我印象最深的是他的"很简单"，或许有的言辞并没有直接用上"很简单"，但透露给我们的信息的确有概莫能外的含义。

（1）创新很简单。

洪教授用最通俗的言语诠释：创新是换一种做事的方式，创新是提高领导魅力的有效手段，创新让你区别于前任、区别于同行。

为了说明"创新很简单"，洪教授列举了三种创新的方法：视觉转换法、新巧智慧法、内外关联法。对于视觉转换法，洪教授出示了两张同一动物的图片，一张常规放置（头上脚下），一张非常规放置（头东脚西）。对于前者，后者就是创新，创新就是这么简单。关键是脑筋有没有动！

对于新巧智慧法，洪教授引用了海淀区玉泉小学高峰校长管理的案例。初来乍到的高校长面对涣散的教师队伍，善于开动脑筋，找到了"让退休教师走上红地毯"这一抓手，紧紧地凝聚了教师们的心，激励着所有的教师，改变了学校的状况。

这不禁让我想起了我所在的学校。我来到这所学校时，学校的基础还很薄弱，学校由一位副校长全面主管工作，由于太年轻，缺乏一定的管理艺术，难以调动教师的积极性，导致整个队伍涣散。我充分调查了解后，发现老教师很有影响力也颇有正义感，对现状并不满意。于是我决定发挥老教师的积极作用，首先定下几条规矩：每年的重阳节为老教师召开一个座谈会；年满五十岁的教师生日那天由工会送上一个蛋糕；教师五十岁生日那天下午可以提前回家庆祝。当然，更为重要的是在日常生活中关心和尊重老教师。感人心者，莫先乎情！老教师们深为感激，用勤恳的工作、扎实的作风、强烈的集体荣誉感影响着年轻教师，为年轻教师树立了榜样。学校因此步入快速发展的轨道！

在一所学校时间长了，容易导致审美疲劳，这让作为校长的我也对自己不满意了，千方百计试图改变，想方设法自我挑战：超越！要超越就要推陈出新。作为激励者的角色，最为关键的就是要让教师不定期地有一点新异的甚至出其不意的刺激。2011年1月，学校参加香港国际行进步操获得金奖载誉而归。在教师会议上，我对活动的过程做了倾情评价和总结，对参与训练和组织的两位主要老师进行了声情并茂的赞赏，然后请他俩走到前面，我"煞有介事"地将事先亲自准备的"神秘"礼物送给他们。全场不约而同地响起了热烈的掌声，两位受奖的老师泪光闪闪，其中一位老师忍不住发表激动人心的感言……

是的，"创新很简单"，只要我们动脑筋，只要我们愿意去创新。

洪教授的"内外关联法"同样深刻地触动了我。上周我们进行了跟岗学习，之前我们也考察过很多所学校，这些学校有的很优秀，有的并不如我们领导的学校。毫无疑问，优秀学校的管理有值得我们思考和借鉴之处，会给我们带来创新的灵感，迸发创新的火花。同样，那些不如我们的学校，对于我们而言也是很有价值的，我们可以以此为镜子，从对方的不足中来反观自己，并引以为鉴，让自己不再重蹈他人覆辙。我们甚至可以假想成对方的校长，来思考如何改变现状，突破固有思维的束缚，给对方一些有创新又有实效的建议。

（2）写文章很简单。

非常有意思，洪教授给我们传授了"做一名校长"的经验：他引用了三则"段子"，让我们忍俊不禁又引发我们思考。当然，他的目的应该是要引出我们最崇拜的教育家——苏霍姆林斯基。苏霍姆林斯基善于反思，善于写作，著作颇

丰，让我们佩服，几近顶礼膜拜！

从苏霍姆林斯基说到写作，说到写作的种种好处，譬如促进反思、刺激脑神经、延缓衰老，总之，写作不仅仅是写作，写作远远大于写作。

当我们面带难色的时候，洪教授抛出了他的"881"工程，轻巧地对我们说："写文章很简单！"的确是呀，"881"真是"秘籍"，我相信，每一位校长都很受用。

第一个"8"指关于选题的8个领域。洪教授指导我们将学校管理分成教师管理、学生管理、财务管理、校园文化管理、社区关系、课程管理、教学管理和其他。

第二个"8"指将以上任一领域再分成8个方面，每个方面再找出3个分支，确定最后的选题。他还以财务管理领域为例，最后确定的是"财务问题的挑战、表现形式、对策"，以此类推，"青年教师专业发展的挑战、表现形式、对策"……轻而易举就得到了。

最后的"1"指一个脚注。洪教授说，写什么不重要，脚注更重要。原来如此，可是常常被我忽略。

洪教授还以自己写文章的经验为例，介绍自己如何利用零碎的时间（如乘飞机）敲击文字，如何放下几天再斟酌修改。更有趣的是，洪教授还以某个话题为例，毫无保留地将他的"三段式"给我们分享，让我们掌握"千字文"的写法。经洪教授这么一说，如何安排时间、如何制订整体写作计划、如何选题、如何成文、如何修饰竟然是轻而易举就可以做到的。

我信！写文章真的很简单。自从"天河部落"于2006年成立后，我写作的兴致比过去更甚。尤其是孩子考上大学的2011年，9月，我度过了一段孤独适应期。10月，我给自己定下了一个目标：每天晚上写一篇文章，每篇不得少于1 000字。结果我做到了，那一个月我在"天河部落"的日志是"36篇"。

是的，将写文章当作一种习惯，你便会让自己保持一种思考状态。这样，每天就会有鲜活的东西在你的键盘上自然地流淌。

（3）人生很简单。

从洪教授的激情言语中，从其列举的生动事例中，从他眉飞色舞的姿态中，可以感受到"阳光教授"的称誉并非浪得虚名。他讲到职业倦怠规律的时候，给了一个形象的"二次曲线"，笑称自己已经步入"第二曲线"。人生就是那么简单！

苏霍姆林斯基说过："如果你想让教师的劳动能够给教师带来乐趣，使天天上课不至于变成一种单调乏味的义务，那你就应当引导每一位教师走上从事教育科研这条幸福的道路上来。"

校长更应该引导自己、拯救自己，走上从事教育科研这条幸福的道路上来，让自己的工作不至于倦怠，实现生命的"第二曲线"。

不仅如此，工作之余，我们还应该保持或是发展自己的兴趣爱好，提高生活质量。

记得张文质在《教育的心灵之约》中写道："如果一个人从早到晚，都做着令他痛苦又不得不做的事情，这个人即使还有灵魂，他的灵魂也是患病的，甚至是可怖的。"的确是呀！此时，我不由联想到跟岗学校朝师附小齐振军校长的一句话："让别人满意，让自己舒心！"豁达的心胸可见一斑！

因此，做人要简单一些，简单才是快乐的底色。从另一个意义来说，简单就是澄净，简单就是敞亮，简单就是美。没错，人生很简单！

2013 年 5 月 29 日

教学领导力

——校长的核心领导力

对于我而言，褚宏启教授并不陌生。第一次听他的讲座是在天河区政府的北会议厅，他为天河区校长高级研究班的校长讲课；第二次听他讲座是去年 3 月在广州三寓宾馆的广东省校长论坛上，他受会议邀请从北京赶来作专题报告。此外，在《中小学管理》杂志上也常常可以看到这个熟悉的名字，看到他对学校管理的真知灼见。

今天非常荣幸，我再一次，而且是如此近距离地聆听褚宏启教授的课，激动之情油然而生。

褚宏启教授对校长领导力的研究颇有造诣，他从几十个校长角色中切中要害地选出了三个：管理者、教育者、领导者。他精辟地诠释：校长的最高境界就是把正确的事情做正确。他语重心长地"告诫"：作为领导者，校长应"跳出来"；

作为教育者，校长应"扎下去"。校长要跳出学校进行战略思考，深入课堂开展教学研究。校长的视野既要宏观，又要微观；既要成为更加大气的领导者，又要成为更加扎实的研究者。

褚教授今天的课题是"校长领导力的提升"。他向我们揭示了提升教学领导力的必要性：教学领导力是校长领导力的核心，是校长综合素质的集中体现；提升教学领导力是国际教育改革和发展的趋势；提升教学领导力是中国教育新的历史时期的客观要求。是呀，至少目前而言，我们都是因为"教而优则仕"而担任校长职务的。但是，作为教师的时候我们只需要对我们自己的发展负责，对自己的课堂和自己所教的学生负责。毋庸置疑，质量是学校的生命线，课堂是素质教育的主阵地，作为校长的我们就是主阵地的总指挥。能"知己知彼"，有明确的目标，有足够的实力，方可立于不败之地。所以说校长领导力的核心是教学领导力，是校长的综合素质的集中体现。将校长的教学领导力提到如此高度一点也不夸张！

校长教学领导力的内容是什么呢？褚宏启教授从三个有争议的话题引入。这三个话题是：校长教学领导力是否需要校长上课？校长教学领导力是否就是听课和评课？校长教学领导力究竟是什么？我们和褚教授互动起来，校长们积极踊跃地发表自己的观点，尤其是对于第一个问题。我尊重任何一种意见，因为不同的学校、不同的校长有不同的情况。而我是一个喜欢课堂、享受教学的人，所以不是需要不需要而是喜欢不喜欢。我赞成校长一定要多听课，赞成听课和评课的价值远远大于上一个班的课。在互动中，我们和褚教授建构了校长教学领导力的内容：

（1）正确和明确的教学目标（让人人都知道为什么教和为什么学）。

（2）合理的教学内容（教什么，学什么）。

（3）恰当的教学方法（怎么教，怎么学）。

（4）优质的教师发展（教研与培训：围绕教与学）。

（5）健全的家校/社区联系（教学合力）。

（6）充分的教学条件和支持（物质支持）。

（7）科学的教学评价、发展评价与反馈。

当褚教授问我们如果要从中抓出两个最为重要的内容应该是哪两个的时候，我首先想到的就是"目标"和"评价"，因为目标是出发点和归宿，而是否达到目标就需要评价这一杠杆。这和褚教授的想法如出一辙，他说，抓好了目标和评价就掌控了全局，当然其他五个方面缺一不可，所以要"抓住两头，夯实中间"。

褚宏启教授逐一展示了近年来对学生是如何学的、教师是如何教的调研结果，用事实和数据说明了教学方式对学习方式的影响、教学方式变化的原因、教学方式变革面临的障碍，让我们再次感受到：学生喜欢发现式、探究式、小组合作学习的方式；让我们深刻认识到：触动教师，引起教师教学方式变化的途径由高到低依次是自我发现、学生的反馈、同事的影响、有关培训课程、学校的要求、教学督导的反馈……由此看来，作为校长，最重要的是激发教师的内在需求，驱动教师自我变革。

褚教授介绍了教学领导力与制度建设的问题。我们都知道，制度是学校工作的保障，是避免人治的保障。同样，制度建设也是校长教学领导力的保障。校长应该不断地健全完善学校制度，给学校留下一套好的制度文化，这是自己的责任所在，也是对学校的贡献。在褚教授的眼中，好学校的标准很简单，仅有三个：第一，让学生乐学、会学、学好；第二，让教师乐教、会教、教好；第三，让管理人员乐管、会管、管好。这三个标准，让我们不由自主地对照自己所在的学校，也成为我们学校的目标。而校长的目标呢，也很简单，就是让教师喜欢教书！

最后，褚宏启教授就核心问题"教学领导力的价值引领"与我们分享。他结合《教育规划纲要》的内容，结合我国学生素质不容乐观的现状，结合美国、英国、日本等发达国家的教育规划让我们更清晰地意识到作为教学领导力前提的校长应该是"人"。眼中应该有人，有每一个孩子，不论他的家庭富足还是贫穷，不论他的家长高贵还是低微。校长要有正确的价值引领，为每一个孩子的未来着想，让孩子一生更幸福，从而让社会更加进步，让国家更有国际竞争力。最后的几句话可谓掷地有声："我们需要丰富的感情体验，我们需要热情与激情，我们需要被感动，我们更需要冷静而冷峻的一些理性思考。"

正如每一次的听课，我又将自己"放在"教授的内容中，回到自己所在的学校里。我的教学领导力是如何体现的呢？归结起来，大致可以从五个方面去体现：第一，上研讨课和示范课。每学期我参与数学科组（我教一个班的数学）的研讨课，也亲自上全校的研讨课；我主动邀请、五年以下教龄的老师随时到我的课堂听课，并写下听课感受。第二，听课和评课。每周一个上午和全校行政人员一起随堂听课；到班里听"推门课"，有时是完整的一节课，有时是选择性听一部分，每次听课后都与教师交流。第三，研讨和培训。参与科组教研，根据教师需求选择培训主题，组织各种形式的同伴教学研讨和专家培训活动，鼓励教师外出学习，更新教师的教学理念，改变教师行为。第四，研究和读书。以区、市、省教学科学规划课题"小学学困生学科成因及转化策略研究"为支撑，引领教师开展学生学习心理研究、教材教法研究、课堂的社会性研究、学生评价研究，增强课堂教学的有效性。花大力气推动教师阅读，为教师推荐书目，赠送或奖励经

典读本给教师，开展各种形式的读书交流活动，提高教师的理论素养，丰富教师的人文情怀。第五，评价和激励。基于课程标准，建立普适性和学科性学校课堂教学评价标准，让教师教学有目标、有方向；实施发展性评价，提出建设性意见，更多地给予教师激励，让教师乐于教，以一颗享受教育的心从事教育。现在，面对科组公开课，老师不再惧怕或者推辞，而是主动请缨。面对行政听课，也不是心存侥幸，能避则避，而是主动邀请积极争取。

诚然，我们只是微不足道的小校长，但我们肩负的却是未来的希望。我们应该常常扪心自问，我们的一亩三分地该留下什么？

2013 年 6 月 5 日

影响

今天刘永胜校长给我们讲"关于教师专业自主发展的思考"，既有理论又有实践操作，既有案例又有方法，令我颇受启发。他对"教师专业发展的途径"提出五个很有价值的建议：一是保持教育的激情；二是规划自己的人生；三是使读书成为习惯；四是科研——成事成人；五是让反思成为能力。虽然自己在学校管理的过程中也曾经使用过这五个途径，但是刘校长更具思想和智慧，对教师的指导更为详细、扎实，理论更有深度，做法更有创意。

尤其是他"规划自己的人生"的方法，既适用于指导老师，也适用于指导我们自己。他让我们思考三个问题：从哪儿来？在哪儿？往哪儿去？特别是他的线段图，指导我们从几个时间节点来回顾和憧憬，回顾的是积极影响自己的三件事或三个人，憧憬的是自己最想做的三件事。

当时，我首先就想，影响我的人真是太多了，父母、丈夫、同事、朋友……如果要从职业上说，我即刻从记忆的天幕上搜出三个人：曹柏苍校长、罗胜校长、曾一航。

曹校长是我调到广州认识的第一位校长，也是由于他的赏识我才得以顺利、快捷、简单地办好调动手续。记得当初揣着教育局人事科的介绍信去见他的时候，他很热情地接待我，向我了解情况。当时的调动是要试教的，我等着他将教材给我，准备回家备课后再来上课。可是曹校长问我，能否马上试教。我当即答应了，就在他的办公室备起课来。铃声响了，我自信地走进教室，走上讲台。下课后，曹校长掩饰不住他的兴奋："普通话标准，课堂组织能力强，数理非常清晰。""真是不简单，只有一节课的备课时间，而这期间你还回答我的问题。"此后，我的调动由曹校长全力跟踪，催促有关部门办理。自始至终，我没有进过曹校长的家门，没有送过曹校长任何礼物。遗憾的是，我在这所学校工作了半年后，曹校长就调走了，对曹校长的感恩之情时刻驻在心底，他退休后，我们依然定期小聚。他的求贤若渴既是对我的激励，又成为我今天的榜样。

由于孩子小，我调到附近的一所小学，遇到了罗胜校长。虽然说"教而优则仕"，但是又有多少人怀才不遇呢？我却是幸运的，一年后就被聘为教导主任，三年后经罗校长的推荐，参加天河区组织的全国校级干部竞聘，被任用为该校副校长。担任副校长期间，罗校长对我极为信任，给我压担子，给我施展才能的空间，几乎将学校的一切事务都交给我处理。尤为可敬的是罗校长雷厉风行的作风、不卑不亢的态度和见荣誉就让的气度。三年后，我被任用为冼村小学校长，能在短时间内就建立自己的威信，不能不说与副校长的经历有关，更不能不说与罗校长的放权给予锤炼的机会有关。

我从两位校长身上学会了如何爱惜人才，如何管理学校，如何用人不疑，如何大度做人。

曾一航，何许人也？他是我亲爱的儿子，目前就读于北京大学物理学院大二。尽管之前我研究过学生，尽管学生和家长对我极为认可，但是儿子却让我更深刻地理解教育，更真实地洞悉孩子的世界，更切实地了解家长的想法。孩子让我变得更加平和，孩子让我变得更有耐心，孩子让我变得更爱反思，我的教育理念"享受教育、守望成长、体验成功"在很大程度上是教育孩子过程中的一种感受。当然，时至今日，孩子让我骄傲，孩子让我对自己的教育理念更为自信。"老吾老以及人之老，幼吾幼以及人之幼。"爱自己的孩子，所以爱学校的每一个孩子！明天就是六一儿童节，不由想起一条感动的信息："尊敬的郑校长：虽然明天是儿童节，不是我们大人的节日。但您是在孩子的成长中重要的引路人，感谢您平时对孩子的学习生活的关心和帮助。"

就是这些人，或偶然或必然地出现在我的世界里，影响着我的人生轨迹，持续地给我鼓舞和力量！

2013 年 5 月 31 日

初识巧英

计划安排我们跟岗的第二所学校是东莞大朗镇中心小学，我们上周从在那跟岗的学员那里打探了一些信息：学校迁来现址刚过四年，但凡你看中了的资料都可共享，学校校长是一位女性等。

走进校园，第一感觉就是震撼，被学校的大气所震撼——首先，校园的占地面积之大，建筑面积之大，体育馆、走廊、操场都让我叹为观止、望尘莫及。其次，"在乡镇，最漂亮的就是学校"这句话倏然跃出，我不由感怀政府的胸怀和眼光，不由为这些幸福的孩子们感到幸运！

蔡巧英校长热情地向我们走来，领着我们参观校园。她的言语不多，但让我们真切地感受到这又是一位勤勉实干型的校长。

与学校的班子成员相互认识、确定这几天的安排后，蔡校长为我们作了"唱好'美'的旋律，走好'生本'之路"的学校情况介绍。

校长的思想、学校的做法亮点突出，值得我们学习和借鉴。主要体现在以下几个方面：

（1）学校管理有核心。校长能根据迁址、发展的实际，确定每一年的主题，让工作有重点、有抓手，逐步提升学校的办学效益。第一年为合作管理年，第二年为学习提升年，第三年为课程质量年，第四年为名师团队年，今年是名师效应年。种种举措表明了校长有着清晰的思路，彰显了校长系统规划的能力，昭示了校长求真务实的行事风格。

（2）行政班子的自我培训。这种培训不是阅读一份文件，不是聆听专家讲座，而是一种智慧的碰撞，是信息的共享。校长2～3周便会召集班子成员，让大家交流近期工作中的亮点，自己在解决问题中的思考和启示。这种做法非常好，其一，能促使班子成员去思考如何解决问题；其二，能从别人的经验中获得启发；其三，通过分享还能获得一种成就感，增强来自外部和内部的驱动力。

（3）教师的五个坚持。①坚持备好每一节课、写好课后记。②坚持每天30分钟阅读，做好笔记。寒暑假送书给老师阅读，做笔记，每学期两次读书分享。③坚持每周写一篇教育手记，上传到空间，校长每周一亲自审阅。④坚持开展

"享受教育之美"的讲座。利用教师例会的时间，每位老师都要讲，由老师主动报名。⑤坚持师徒结对。把这"五个坚持"写下来，是因为一种共鸣——我曾经也是这样做的，尤其是前五年，至今为止，我为教师出版的三套书几乎都基于此，书的内容包括优秀的教学设计、读后感、教学反思、教育案例等。这也更加证明这些都是正确的事情，正确的事情要持之以恒地做，而且要做得有质量、有效率。

（4）家校合作。蔡校长对家校工作很重视，且在这一方面做得有创意、有实效。与我校不同的是，除了每个班有班级家委会，学校有由每个班其中一位家委会成员加入的学校家委会，还有家委会的核心班子——由校长和三位家长组成，分别设立会长和副会长职务。家委会通过一些触动人心的活动来增进了解，达成共识，形成合力，促进共赢。

（5）富有特色、形式多样的德育活动。升旗仪式上的班级精神展示、《弟子规》千人展示会、每一楼层的《论语》故事、亲子共读活动、每月一次班主任主题沙龙、每年一次德育作业、教师办公室的"学习金字塔"、日常工作守则……大大激发了班级、学生、教师自主管理的意识。

喜欢蔡校长，有很多理由。但是，有一点我们是何其相似，那就是和老师们共同营造一种愉悦的氛围，让老师们感到工作是快乐的、幸福的，这份工作是很难得的；希望老师们能怀着感恩的心面对工作，善待孩子。惺惺相惜吗？蔡校长并不知情！

2013 年 10 月 14 日

他创建了"一所有童年记忆的学校"

北方的 10 月已经"满地尽是黄金甲"，南国的深圳却依然阳光灿烂，秋高气爽，绿色盎然。

在初秋的暖阳中，我们走进了"一所有童年记忆的学校"——深圳市龙岗区清林小学。

"一所有童年记忆的学校"，看到围墙上这块巨型牌匾上的这一句话，即将下车的我们眼前为之一亮，心也为之一动。尤其是班长李小田同学，忙不迭地将自己的感受提前分享，欣欣然告诉我们："一看到这句话就知道，这是我喜欢的学校类型。"

我们又何尝不是，进入校园后便是环顾四周，寻找"童年的记忆"。虽然未曾深入，但是我们已经感受到了"童年的味道"和"童年的风景"，校门右边长廊下藤式的小桌小椅可供孩子们休憩和阅读，周围种着各种各样的树木，最为有趣的风景是学校的墙体上攀爬着爬山虎。中庭是一座假山，山上是丛丛的"树林"，山下是淙淙的"小溪"，我想，这可是孩子们捉迷藏的好地方。

还没回过神，偌大的一个休息场出现在我们眼前，这里分为三个区，右边的一个区陈列着一些圆桌和围着圆桌的椅子，其余两个区都布置得极为休闲，摆放着一张张或长或短的布艺沙发，中间还有茶几。当然，让这一切更显示其价值的是有布艺沙发的两个区内都有一个摆放着林林总总的课外读物的书柜。可以想象，孩子们在这样的环境中阅读会是怎样的愉悦！

风景不仅这边好！看看围墙边，有躺椅、有秋千、有转盘……儿童乐园的游乐设施被搬到了校园，我分明看到了孩子们快乐、活泼的身影，听见了孩子们无拘无束的欢笑声。

可是，这里分明是校园。看看操场，一个400米的跑道，中间的绿茵地毫无疑问就是足球场了，旁边还有两个篮球场和羽毛球场，靠近围墙的南边是学校的升旗台。"自由飞翔"，对！这是我第一时间的感受。下午参观校园的时候我们在那棵老榕树下久久地逗留着、静静地交谈着、肆意地欣赏着，不论是足球场还是篮球场，不论是跑道上还是乒乓球台旁，到处都是一幅生动的、令人热情澎湃的画面。从放学后到6点，只要有两位保安在场，孩子们尽可以在这里跳跃、奔跑。这让我想起了广州的学校，几乎每一所学校都是一放学便将学生赶回家，是学校不愿让孩子们的欢笑声影响教师的工作，不懂得体育锻炼的意义吗，还是学校没有保安看管吗？都不是，而是学校担心孩子出现安全问题被家长纠缠不休。孩子伤不起，家长伤不起，学校伤不起！正因为这样，孩子缺失了很多童年的快乐。可是，没有躯体的舒展，怎能有心灵的舒展和智慧的舒展呢？

当然，还有学校的笑脸墙，还有孩子们的一幅幅作品，还有一个个充满童趣和创造性的科学实验室、科学探究室……

不知是杨勇校长的介绍呼应了学校的校园文化，还是学校的校园文化印证了杨勇校长的办学理念。

座谈时，我们初步领略了杨校长的风采以及他的办学理念。

我对杨校长最为赞赏的有两点：

其一，对教育本质的追求。杨校长开宗明义，抛出了一个似乎司空见惯却众说纷纭而又不得其所的问题：教育是什么？其实，这个问题早在我们学习《教育学》的时候就"昭然若揭"：教育是培养人的活动。

是的，正是源于此，才有了杨勇校长所说的教育是"人学"，既然是人学，就要考虑面对的是"什么人"，我们面对的是儿童，就要研究儿童的特性和规律。由此想来，不难理解校园的每一处、每一景、每一门课程都在阐述着为"孩子奠定一个最佳的基础"这一个朴实的教育哲学。

杨校长还引用了柏拉图的一段话来表达自己对教育的理解：教育是把一个人从低处引向高处，教师是把一个人从黑暗引向光明，教育是把一个人从虚假引向真实。此时，杨校长对教育的认识可见一斑。"教，上所施，下所效也。育，养子使作善也。"这就是教育最原始的含义，最朴实的表达。

其二，学校办学理念是校长办学思想的体现。清林小学秉承"为每个学生奠定最佳的人生基础"的办学理念，遵循"为人求实，为事求真"的校训，全面落实"道德原本、知识诚明、艺术优雅"的办学思路，努力建设具有人文魅力、富有智慧实力、充满兴趣活力的"三力"学校；长期培养心中有爱、脑中有识、手中有为的"三有"教师；精细培育会正确做事、会有效学习、会优雅生活的"三会"学生，为学生具有诚信的道德力、创新的智慧力、持久的健康力而奠定最佳的基础；努力倡导规范、高效、创新的工作特色，向"校园美、教师优、学生乐、质量高"的现代化一流示范小学的目标迈进。

而这一切都来自校长。校长对某些专家所说的"民主""集体讨论"存有异议。他的观点是，教师对领会、理解学校的发展是有局限性的。我深有同感，教师有教师的思考范畴，校长有校长的思想。我曾经发动过教师，甚至集中了学校一些骨干教师组成一个学校发展研究团队，让大家献计献策，但总难以达到预期的效果。

我佩服杨校长的深刻，我赞赏杨校长的平实。

回味着《清林欢迎你》这首由教师作词、制作，用《北京欢迎你》曲子谱曲的视频，走进这"一所有童年记忆的学校"，我们要放慢速度，仔细品味学校的"生境教育"，感受"天朗气清，地润成林"的清林文化。

2013 年 10 月 21 日

邻家大姐

——记杜小宜校长

深圳市罗湖区螺岭外国语实验学校是我们省内深度跟岗的第四所学校，也是最后一所学校。

在这里，我们遇见了笑称自己"又小又便宜"的杜小宜校长，名字往往和实际相反，或者名字可以凸显出杜校长谦虚、低调、不刻意的人性之美。

还是来看看她是怎样的一位重量级的人物，也就是确定她作为我们跟岗导师的充分理由吧。杜小宜校长是全国名校长、广东省名校长、深圳市名校长、广东省特级教师、广东省名校长工作室主持人、罗湖区名校长工作室主持人，他曾获得全国优秀教育工作者、全国中小学德育先进工作者、全国家庭教育先进个人、南粤优秀教育工作者、深圳市师德标兵等称号，是中国关心下一代工作委员会专家委员会客座教授。

听了她看似随意的漫谈，我们对她的佩服恍如《星光大道》的评分表一格一格攀升，真切地感受到杜校长的智慧和气魄。

（1）对校训的阐述。学校校训为"志存高远，海纳百川"，它们被镌刻在正对门的石柱上，让每一个进入螺岭外国语实验学校的人第一眼就看到这八个气势恢宏的大字。我相信，经过六年的耳濡目染，它们必定会烙在孩子们的灵魂深处。

不仅仅是因为天天见面，更因为它们背后带给人鼓舞的力量。关于"志存高远"，学校是这样解读的：志存高远的意思是追求远大的理想、事业上的抱负、追求卓越等，也有"直挂云帆济沧海"的意境。"螺岭的目标是要办成一所示范性、实验型、现代化的精品学校，要培养的是有远大志向、有理想、有追求、有中华情怀、有国际视野、有现代公民道德意识的21世纪的现代公民。我们希望每一个进入螺岭学习的孩子都志存高远，有一个人生目标，有一个奋斗方向，为实现自己的梦想打下坚实的人生基础。"

之所以提出"海纳百川"，是希望与深圳特区同龄的螺岭和开拓创新、延揽四海人才的深圳一样具有海纳百川的精神。希望经过螺岭培养的学生在"面向世界、面向未来、面向现代化"的指引下，成为一个具有国际视野，善于学习、善于创造的人，成为一个心胸宽广、包容大度，既善于学习、传扬中华文化，又善于学习、吸纳西方文化精髓的人。

巧妙的是，校训还暗含着"螺岭"这两个字的象征意义："螺"生活在水中，生命力强，故有"海纳百川"之联想；"岭"也有山峰的意思，站得高、看得远，山高人为峰，站在山岭上，人的目光更加远大，心胸更加宽广，故有"志存高远"之联想。

这就是智慧所在，不仅从校名中产生联想，不仅与深圳地域文化相结合，更为重要的是体现出高远的视野、宏大的气势以及深厚的价值。

（2）对校长的情怀。杜校长在交流中与我们分享了几个小实例。

其一是国外学习培训过程中对一个出国一年的中国留学生的义正词严的批评，这反映了杜校长作为中国人的一种凛然之气，反映了作为中华儿女的责任和对祖国无以复加的情感，这是一个中国长辈对一个自以为"美国月亮比中国圆"的年青一代的掷地有声的教育，更是给予对中国进行虚假、滞后宣传的美国某些媒体的有力抨击。

杜校长对那次事件的感触很大，更加坚定了螺岭外国语实验学校培养的学生应该是"具有民族情怀，要有国际视野"的人这一目标。杜校长说："我虽然做不了救世主，但作为一个校长来说，还是大有可为的。"

其二是美国某报刊刊登了一幅常人看来具有"负面"影响的漫画（显然是出于破坏政府形象、制造矛盾），一位螺岭毕业的学生（当时在美国就读高一）针对此事用英文写了一篇随笔，他竟然能做到理性与感性并存去看待这件事情，而且能在捍卫祖国尊严的同时对漫画中的"这类人"表示深深的理解和同情，甚至是赞赏。最后表达出对国家的信心、对中国梦实现的信心。杜校长不免再次感动、自豪，她说："这篇随笔很适合我们学校的定位。"杜校长的教育情怀和爱国情结已经蔓延开去。

其三是校长提到的"一、三、五、七"的家校合作机制。杜校长很动情地介绍学校设立的"我们约会吧"，这是一种家长与学校互动的方式，这种方式给人一种温暖、亲近的感觉，化解了家校之间的矛盾，润滑了家校之间的关系。杜校长在家校合作、家庭教育方面有很多有价值的点子，让我们耳目一新。她每年坚持给家长讲课，开展各种形式的家长评价，让家长参与学校的课程、参与课程评价，她用讲故事的方式开设家长参与的"德育研讨会"，营造积极的母子文化……能和这样的校长面对面，能真切地感受到校长炙热的教育情怀和充满爱的

思想和行动，作为家长能不欣慰吗？

　　杜校长带给我的思考很多，我的面前就像呈现出一个琳琅满目的橱柜，目不暇接，只有留待日后去细细欣赏、慢慢回味。

2013 年 10 月 29 日

重温

　　11 月 24—28 日，是广州市第二期"百千万"教育专家和名校长集中培训的时间，培训地点选择了东莞教师进修学校。这是一个很适合在职培训的地方，一是位置偏僻，空气好，适宜静心学习；二是功能齐全，运动、饮食、上课、住宿一站式服务。

　　课程内容紧凑而丰富，既有理论讲座又有计划分享，既有集中培训又有参观学校和拓展式体验活动，既有涉及教育的内容又有教育之外的课程。

　　第一天下午，我见到了久负盛名的莫雷教授。莫雷教授是一位心理教育专家，是华南师范大学心理学部部长、博士生导师，他给我们带来了"如何进行教育科研——以核心素养研究为例"的讲座。其实，关于教育科研的讲座听过很多，书也看过不少，而且自己曾经承担两项省级课题研究任务，也算是具有较为丰富的经验吧。因此，我就想，莫雷教授和别的教授的授课内容有何显著的差异呢？抱着对莫雷老师的崇敬之情，我静下心来。

　　果然与众不同，莫雷老师讲了三大部分的内容：①教育科研的类型与成果形式；②研究问题的构思与课题申报；③学生核心素养研究过程的分析。

　　他条分缕析地将教育科研的基本类型进行了划分，继而从研究的目的、研究的方式将两个维度进行综合，提出了构成教育研究科研课题的五种基本类型，又从五种基本类型中滤出常用的三种，即分析状况的思辨研究、探讨措施的实证研究、形成产品的行动研究。他逐一举例，呈现了各种类型的教育科研的成果形式，给予我们选择合适的研究问题的三点建议：应注重选择适合自己的专题性研究问题，应注重选择操作型（即实证类或行动类）的研究课题，应注重进行量化的实证研究。

在"研究问题的构思与课题申报"这一内容中，他的"三句经"简单易记，即"我要研究什么问题，我为什么要研究这个问题，我如何进行这个问题的研究"。莫雷教授结合一个优质的申报书的结构，用简洁的语言对每一句都进行了阐述……我一边聆听，一边回顾自己撰写课题申报书、开展行动研究、呈现成果的过程。莫雷教授指出对"我要研究什么问题"表述不清是当前的通病，提出"研究问题必须清晰，用一句话表述出来"。莫雷教授提到的课题申报书中的"名词叠加"可不予理会，只需告诉对方"自己研究的时候怎么做"，这对我触动很大。另外，我对于"我为什么要研究这个问题（填补性研究还是挤进性研究）"、课题研究基础的陈述（让专家介入，将专家的成果写入研究基础）也有了重新的认识。

最后，莫教授展示了一个正在研究的国家级课题：学生核心素养构建研究的分析。

教育科研并不是一个新鲜的话题，诸如此类的书籍可谓多如牛毛，但莫雷教授却在短短的两个小时内给我带来了前所未有的收获，接下来，我要对照莫雷教授的讲座内容，去审视自己不久前完成的一个课题申报书，如果有机会，必将拜会莫雷教授。

第二天上午的课程内容是"世界咖啡：教育专家的胜任特性分析"，我们在班主任雷丽珍博士的主持下，用"世界咖啡"的操作模式对教育家的胜任特性进行了深度分析和分享。结合张伯苓校长和李吉林老师的事迹，我们各抒己见，达成共识：丰富的教育实践经验、杰出的理论建树、卓著的人格魅力与仁爱之心、改革创新的胆略、深厚的文化底蕴……最后由雷老师总结：教育家成长三部曲由成长、成名、成家构成。真正的教育家是具有"大才、大德、大爱"的教育者。读书、实践、思考、写作，这四项修炼是教育家成长的必由之路，任何一位教育家的成长都源于他坚定的人生信仰。正如陶行知所言："人生为一大事来，做一大事去。"

第三天上午，华南师范大学经济与管理学院副院长董志强教授为我们带来了"宏观经济分析框架与当代中国的宏观经济问题"，这让我对许多经济学领域的概念有了新的了解，比如真实 GDP 与名义 GDP、货币供应量与 CPI、人口红利等。董教授生动有趣、深入浅出的讲解，使原本很晦涩、很专业、很高深的学问变得离我们很近，事实上我们又何曾离开过经济呢？

第三天下午我们参观了东莞中学。东莞中学是一所具有深厚文化底蕴的学校。深厚的文化底蕴不仅仅在于学校的办学历史，还在于这个办学历史过程中所传承下来的精神和保留的痕迹以及随时可以唤起回忆的故事和人物。黄校长是一位宁静、朴实、平和的校长，是我们憧憬的教育家的模样。他让我想起了陶行知，想起了去年跟岗时中山实验小学那位敦厚智慧的刘道康校长。

整个参观过程，黄校长都在给我们讲故事，讲建校的石碑、百年校训墙、邓蓉镜故居、校友种下的院士树、报功祠、绿瓦楼、蒋光鼐、与众不同的莞中学子。学校的文化自然地在校园里流淌，正如黄校长所说："没有故事的校园、没有人物的校园就没有文化。"

第四天上午，我们再次回到我们的小班课室：专家一班。在这里，我们进行了心理年龄测试，根据雷博士为我们提供的 30 道题用"是"或"否"作答，然后对照每道题的得分统计总分，根据总分对照标准确定自己的心理年龄。太有趣了！我仅仅得了 16 分，而华侨外国语学校的秦金华校长竟然少至 13 分。和标准一对照，我们的心理年龄竟然低于 20 岁，我和秦校长乐不可支。我们分析，大家普遍心理年龄低于生理年龄，这应该跟我们拥有良好的心态和职业性能有关。当然，从另一个角度来说，那是单纯、幼稚的别称，不过，这丝毫减少不了我们的快乐。测试完心理年龄，雷博士组织我们分享个人规划，从每个组的发言中，我再次感受到"专家就在我们中间"，我庆幸自己能在这个优秀的团队中不断地吸纳先进的思想和宝贵的经验，不断地超越自我。

第四天下午，期盼已久的王红院长为我们带来了"核心基础，思维课堂——兼析美国中小学对创新思维的培养"的讲座，她永远是那么激情洋溢，给予我们强烈的感染力和正能量。任何时候，我投向她的目光都充满敬佩，我想在座的倾听者都不例外。她从教育目标、教育内容、教育方法上引发我们对中国教育现状的思考。依然基于上述三个方面，她对中美教育进行了比较，引用《面向 21 世纪美国高中的教育目标》中"培养学生善学、好学的品质，批判性思考的习惯，以及面对问题解决过程中莫衷一是的情形时的乐此不疲的情怀，从而在知识、能力和情感等诸方面为中学后教育做好充分准备"的一段话来说明美国教育所期望的素质。教育到底该培养学生怎样的能力？什么能力才是儿童成长过程中的核心能力？毫无疑问，是思维能力！思维能力才是核心能力！拥有较强思维能力和优秀思维品质的人才是有张力的，才具有可持续发展的潜能。王红院长不仅从宏观上提升我们的意识，更从微观上指导我们认识思维课堂的要素和"三段四步式"思维课堂的模式。王红院长对校长们"带着镣铐"的窘迫颇为理解，但是，她毅然决然地激励我们，且用"井冈山精神"和《憨豆跳水》的视频鼓舞大家，"阻碍你的不是客观而是主观，是你内心的恐惧"。是的，作为广州市教育队伍的先行者，我们多了一份使命。

第五天上午，华南师范大学政法学院政治系的龙向阳主任为我们解读十八届四中全会精神。龙主任幽默风趣，他从专业的视角让我们明晰了国家政治层面的举措，让我们理解了这个时代的伟大和我们党的不易。我们的责任是什么？是感恩和支持，是履行职责，是义不容辞地为我们的孩子提供最好的教育。

一周的收获，数不胜数。学习，真好！

2014 年 11 月 30 日

导师

时至今日，可以说从事小学数学教学多少年，《小学数学教师》就陪伴我多少年。做了校长后，虽然不是每一期都详细阅读，但只要看到曹培英老师的文章，我必定一睹为快。

往事像自动播放的 PPT，一张一张地翻过：

二十五年前，初出茅庐的我遇到了一位德高望重的教研员——林世述老师，除了听课评课，他还悉心指导我撰写教学论文。至今，他用红笔在我的文稿上画上各种符号，添上大段文字的情景依然历历在目。有一次，我向他表达了观摩学习名家课堂的愿望，他当即向我推荐了两位老师，一位是擅长低年级教学的苏老师（忘记名字了），另一位是擅长高年级教学的曹培英老师。他们两位每周都有教学开放日，可以随意前往。我欣喜不已！曹培英老师所在的冶金学院子弟学校与我所在的学校仅仅一墙之隔。当时，他是小学部校长。那年，我和他一样，教毕业班。

就这样，我和曹培英老师相遇了。

虽然曹老师有固定的开放日，但我却不守"规矩"，索取了曹老师的课表。从那以后，几乎每天上午都可以看到一位青春少女，在两所学校之间奔走。有时是听完课再回学校依样画葫芦；有时是学校上完课，马上一路小跑到一墙之隔的冶金学院子弟学校五年级（小学五年制）课室，走进曹培英老师的数学课堂，感

受特级教师的教学魅力，这样的时间持续了一年。遗憾的是，来也匆匆，去也匆匆，我只能站在走廊上与曹校长进行简短的交流。那时候曹校长很忙，除了一个班的教学工作，还负责冶金学院子弟学校小学部的管理，参与人教版教材编写，承担市里的研究与培训任务。

记忆犹新的是，曹校长仅仅凭借一支粉笔、一本教材，就把数学课堂演绎得灵动、幽默，让学生沉醉在数学世界里，享受思维体操带来的乐趣。在他的课堂上，往往不乏笑声。记得，有一次上课伊始，曹校长评讲作业，其中一道是关于求压路机的面积的问题。只要算出压路机（圆柱）的侧面积即可，可是有的学生加上了两个底面的面积，成了计算圆柱的表面积了。曹校长随手拿起一截粉笔，在另一只手的手掌上"表演"起学生推理中的"压路"，嘴里风趣地说："压路机会跳舞吗？"学生哄然大笑，问题就这样解决了。

由于曹校长参与了新大纲教材的编写，加上他自己对课程改革的关注和研究，当然是教改之路的先锋。所以我们赣州市的数学老师能够"近水楼台先得月"，每学期聆听好几场曹校长的专题讲座，获得最新的教改信息和最现代的教育教学理念。这些，对于我这初上讲台、求知若渴的新兵来说无疑是雪中送炭。还记得他用画图的方式来诠释中国传统的"鸡兔同笼"问题，用我们现在的话来说"这是奥数题"，他的目的是告诉我们，不同的知识可以用不同的方式教给不同的学生。

2001年暑假，得知赣州市教研室要邀请离开了五年之久的曹老师去讲课，原本不打算回去的我让同学订了一套听课票，再一次聆听曹校长精彩、深刻的报告，感悟他对新课程独辟蹊径的见解。讲课过程中，他揭开了自己当初在赣州市每一次小升中考试皆可名列前茅的"秘密"：及时反馈。当时，他让教导处把自己的课都安排在第二节。每天上午，他抓住第一节课的时间改完学生头天的作业，分析研究错题。上课时利用前五分钟评讲作业中的错题，为新知学习扫除障碍……他建议我们多看心理学方面的书籍，掌握学生的认知特点，根据学生的心理特点设计教学。

2002年4月，区教研室组织去上海参加一个数学研讨会，东道主正好是当初曹培英老师所在的浦东新区教师进修学校，我见到了我敬重的老师，荣幸地和他进行了短暂的交流。

后来，学校买了一些关于新课程培训的光盘，我又看到了曹校长；接着是在购书中心看到了他的著作《在规矩方圆中求索》，欣然地买了好几本，一本自己阅读、珍藏，其余都送给了数学科老师，让更多的老师受益。此后，我在《人民教育》和《小学数学教师》中频频拜读他的新作。其间，我也曾通过邮件、电话的方式向他请教，跟他讨论新教材的新内容，细到某个知识点的处理。每一次他都不厌其烦，颇具耐心，详尽分析解答，每一次都给我带来莫大的启迪和深刻的思考。

2009 年 10 月 26 日，早已是上海市静安区教育学院副院长的他亲自率领上海小学数学名师培养团队来到了我所在的学校，他们走进我们的课堂听课，与我们的老师切磋交流。曹老师除了对课例进行详细点评外，还给慕名而来的兄弟学校的数学老师作了"解决问题的教学"这一专题讲座，他对热点问题的深刻分析和独到见解，让数学同行佩服不已，博得热烈的掌声。

此后，我也曾把自己的文章发给曹老师，在我觉得过于唐突，直为自己的举动忐忑不安的时候，他却能在百忙之中或发邮件或通电话为我提出极为宝贵的修改意见。

近几年，《小学数学教师》杂志陆续刊登了曹老师对"数学课程标准"十大核心词解读的文章，获益匪浅的同时颇感亲切！

当初听课的记录我依然保存着，每每翻开它们，甚至想起它们，感动、温暖、幸运……随之而来，久久不去。

2015 年 7 月

六

遇见沿途的风景

罗丹说：生活中不是缺少美，而是缺少发现美的眼睛！行走在追逐教育梦的路上，沿途的风景随处可见，一所学校是一处风景，一个教育场域也是一处风景。有的如春日山野细碎的小花；有的似夏日荷池挤挤挨挨的荷叶间隐隐约约的粉红；有的如深秋的银杏，满树耀眼的金黄；有的若严冬的梅花，俏也不争春。

且行且思

——朝阳印象

　　10 月 17 日上午，我们一行来到了此次考察的第一站——北京朝阳区实验小学。该校有两个校区，横跨公路两侧，有一天桥相接。这让我想起了毛泽东主席的一句诗："一桥飞架南北，天堑变通途。"

　　短短的半天，我们的参观活动安排得紧凑有序、丰富多彩，有朝阳区教科中心的报告、朝阳区实验小学的课堂教学观摩、朝阳实验小学对校本教研的情况介绍、互动交流。

　　在朝阳区教科中心所作的"关于推进校本教研策略"这一报告中，我们感受了首都教育扎实的内涵。他们"三种模式共同推进的策略"引起了我们的兴趣，三种模式分别是自主模式、联片模式、支撑模式。自主模式用于教研基础较好的学校，联片模式有助于增强小学科（音、体、美等）教研的实效性，而支撑模式体现了教研部门对薄弱学校的帮扶。三种模式的构建，兼顾了不同起点的学校，顾及了学科间的均衡，发挥了有限的资源的效率。中心主任发言中的"关键句"引起了我的深思："你不下命令，我就不动；你不提问题，我就不思考"（原来的局面），"新课程的教学内容有许多空白是需要老师去填补的"，"聚焦课堂教学，新课程的'变点'就是研究的重点"。

　　报告后便是观课。学校开放了七节课，我选了五年级的一节数学课。这当然与我长期任教数学有关，而更重要的是，北京朝阳区区验小学是我们的数学教育改革家马芯兰成长、成名、成家的学校，我阅读过不计其数的数学教育前辈的书籍和文章，其中包括马芯兰。她对数学教学内容的大胆整合、改编、创编，尤其是在应用题教学方面提出了独到的见解，将学生的思维能力的培养摆在首位，重视数量关系的训练。

　　给我们上课的是一位名为张蕾的年轻教师（在后来的介绍中我获悉她是朝阳区青年骨干教师）。这节课是一节真正的数学课，一节处处有思维的浪花涌动的数学课，一节恰如其分地体现出马芯兰老师"以思维训练为主线"的数学教育思想的课。教师简洁的语言、师生自然的互动、学生清晰自信的表达、娴熟的交互式电子白板操作技术……整节课干干净净，没有一丝多余的东西，有的是儒雅、恬淡、大气、睿智。教师从数形结合的思维铺垫到解决实际问题，过程流畅而自然，思路清晰又明彻，时而舒缓、时而跳跃，让学生始终抓住问题本质、抓住数量关系去分析问题。在潜移默化中，学生学会了解题，感受了数学的魅力，掌握了代换的数学思想方法。由此，我想起了著名教师张小明的四个字——"教学无痕"。

从学校介绍校本教研的经验中，我深为这所饱含文化底蕴、有着鲜明的办学思路和良好传统的学校而折服。"尊重不等于放纵、自主不等于自由、扬弃不等于抛弃。""教师如果离开了课堂，就等于失去了生命。"在课程改革中，朝阳人永远保持着清醒的头脑，这对于曾经在课改中迷失的人们难道不是一种极好的提醒吗？

一滴水可以反映一个太阳。虽然只有半天，但朝阳区实验小学留给我们的是一个整体，教师的真真切切、学生的动静有致、校园的幽雅气息……点点滴滴，都给人很舒畅的感觉。

轻轻的，我走了，正如我轻轻地来。我抬一抬望眼，作别朝阳和云彩。

且行且思

——延庆掠影

告别了朝阳人热情的北京盛宴后，我们马不停蹄地赶到北京郊县——延庆县教委。接待我们的是小教科王科长和教研室赵主任。

她俩的介绍让我们感觉到新课程改革的力度在偏远的农村地区并非强弩之末，恰恰相反，与我们一些发达地区比较起来有过之而无不及。毕竟在首都的城墙脚下！

从赵主任介绍延庆的教科研情况中，我感觉到他们对教研工作很善于开拓思路，抓得很细，很扎实。尤其重视教学设计的细化，对教学目标制定和表述、对课堂教学各环节的设计都有具体的要求和指导。他们在县、片、校的三级教研方面具有很好的经验：抓好案例研究，以教研促教学；联片教研，名师带教，大校带动小校；研训一体，提高专业素养；发挥评价作用，促进学校的管理。

从县教委出来，我们走进了延庆县第三实验小学。恰逢学校放学，孩子们很有礼貌，见到我们微笑问好，一点也没有农村孩子的羞怯。校园很大，景观很特别，应该是匠心独运的。后来才知道，每一个景观都有一个颇具意义的名称，每一个名称都凝聚了全校师生的智慧，同时凸显了校长以人为本的思想。看到外墙上醒目的十个大字"你是幸福的，我就是快乐的"，我心里一阵激动，这与我对老师们提出的"快乐着你的快乐，幸福着你的幸福"何其相似，真是英雄所见略同——这就是我们共同的追求！于老师如此，于学生如此，于家长亦如此。

置身校园，仿佛回到记忆中童年的学校。校园没有塑胶跑道，教学楼没有绚丽的外墙，学生的课室略显陈旧，接待室没有奢华的摆设，楼道也不敞亮。可是学校的办学思想、学校的教育科研、学校的办学特色却不是一般的学校所能企及的。

副校长从以下八个方面展示了学校"积极开展校本教研，有效推进课程改革"的做法：

（1）树立以人为本、科研兴校的办学理念。

（2）建立组织体系，提供有力保障。

（3）制定系列制度，规范研究活动。

（4）借助专家引领，提升研究质量。

（5）不断探索，形成稳定的校本教研模式。

（6）同伴互助，构建学科具体操作策略。

（7）积累反思，提高校本教研水平。

（8）开发校本课程，打造学校特色。

在第三点中，他们的"坚持保留轨迹制度"值得我们借鉴：

为了清晰地留下发展轨迹，进一步分析研究发展中存在的问题，我们片建立了档案管理制度，要求各组有专人负责本组活动的资料收集与整理存档。几年中，大家搜集了涉及政策文件、专家讲座、同伴互助、教师思考、学生活动、家长参与、课改成果等方方面面的资料。我们对这些资料进行分类整理、按年存放，为教师们的进一步研究提供了可靠的依据，同时也清楚记录了我们校本教研的发展轨迹。

过程性的东西我们应该及时搜集，这既能体现发展的轨迹，又能成为自己和大家的一种资源。看到会议室两旁陈列的各种资料、各种学学校自编的期刊，我的佩服又增加了几分。

暮色苍茫，我们搭上汽车。我们带上了第三实验小学的经验，带上了拥有浓郁的育人氛围的校园文化，当然还有实验三小校长的一句话："虽然地处远郊，但我们的思想不能落后。"

匆匆地我走了，正如我匆匆地来。

且行且思

——难忘淄博

到达沂蒙山区淄博市沂源县已经是下午四点半，我们用十分钟时间安置行李、洗脸，便不顾舟车劳顿，马不停蹄地赶往沂源县实验小学。这是淄博市的一所先进校、实验校、示范校、窗口校，原国家教育司副司长督学王文湛曾到该校视察，并欣然题词："齐鲁小教一枝花。"

这是一所名副其实的"大校"，学校占地面积近4万平方米，有34个教学班，加上附属幼儿园，学生有2 900余名，教职工150人。

在学校领导的指引下，我们来到一间课室，看见每个孩子的桌面上都摆着一台手提电脑，我不禁讶然，简直无法与印象中的沂蒙山区与一路上看见的农村县城的落后景象联系起来。

应该到了放学的时间，可是孩子们为了等我们这些远道而来的客人，竟然兴致勃勃地坐在教室里，没有一丝的倦意，呈现给我们的是可爱的、活泼的、纯朴的笑脸。我举起相机，后面的一个小男孩竟然拉拉同桌的女孩，告诉她："照相了，照相了！"接着，自己一本正经地摆好姿势，大方地注视镜头，有趣得很。

而更为有趣的是孩子们在这节班级读书会上精彩的表现。之前孩子们已经读完了人手一本的由英国作家达尔写的《了不起的狐狸爸爸》，随着老师设计的环节，孩子大方地朗读书中的句段、模仿书中的某个动作，表达自己对书中角色的喜爱和厌恶，和同伴合作表演再现书中的情节，最后将自己的感想即时在电脑上写出来。孩子们在各个环节中的表现都很优秀、很自如、很自信，让我们对这些二年级的、山区的孩子刮目相看。窥一斑而见全豹，可以想见学校对课外阅读的重视、落实，让孩子真正喜欢上了阅读，并且在阅读中受益。相比之下，更多的学校只是将"书香校园"的口号挂在嘴边。

听完课，我们来到会议室。桌上摆了好几种水果，都是产自本地的，后排的同志毫不客气先饱口福。前排的同志不敢轻举妄动，故作斯文状。

淄博市电教馆馆长给我们介绍了全市信息技术在教学、教研中的使用情况，很多方面他们都是走在我们乃至全国的前列的。实验小学的单校长为我们作了推进教育现代化的报告，让我真切地感受到学校开放而又踏实的作风，感受到山区教师执着的追求、不懈的努力和职业生命的灿烂。

领队张主任的感受应该足以代表我们的感受：淄博、沂源是智慧的，是开放的，是拥有着蓬勃向上的动力的；淄博的每一项教育信息化工作都是走在前面的，例如博客。而且每一项技术后面都有一个课题去推动，都有一个教育的主题词，都很具体，每一项技术要解决的问题都很明确。

我们还参观了淄博市的一所九年一贯制的学校——周村区实验学校。学校位于有着"天下第一村"美誉的周村区。虽然是周六，可是电脑室仍然坐满了学生，据介绍，他们在利用"敏特"学习平台学习英语，孩子们很投入。

走廊上陈列着孩子们课外阅读的成果，丰富的内容、多样的形式、漂亮的书写无不吸引着我们每一个人，大家频频拍照，似乎要将每一幅作品都装进相机。

多功能室里，区教育局领导、学校校长、区英语教研员逐一介绍了本区、本校、本学科信息技术与学科整合的做法和经验。

局长的方言口音太重，我无法完全听懂，但感受得出，之所以能将信息化教育推行得如此成功，是因为加大了行政的力度。

因为这是考察的最后一站，因此我们可以放慢速度，尽情享受孔孟之乡的热情，酣畅淋漓，开怀畅饮，不醉不休。

在摇摇欲坠中，我们满怀感激对着成功地尽到地主之谊的淄博朋友挥手告别。

2007 年 10 月 25 日

且行且思

——青岛静思

同居的朋友回了娘家，剩下我一人独享这片清静。

早早地起床，早早地来到餐厅，我竟然连一张熟悉的脸也没有搜寻到。静静地用完早餐，静静地回到住处，享受临时属于我的空间。

偷得浮生半日闲。半日里我没有丝毫想去饱览这座海滨城市的欲望，有的是享受独处的心情，感觉这样的放松方式太遥远了。隔壁的两位大姐从门前经过，邀我出门，我也婉言相拒。

这是属于我的世界，坐在窗前的书桌旁，抬头便可以望见现代化的西式建筑，可以望见海，可以望见海上飘着的帆船，可以望见蓝天、白云。泡上一杯绿茶，闻着淡淡的清香，一种恬淡、惬意的心情弥漫整个房间。

在这样的一种氛围中，我梳理着自己的思绪。

朝阳（首都中心）、延庆（北京远郊）、淄博（农村地区），这三个地方都很有代表性，每个学校都有自己的特色，我们首先应该用欣赏的眼光、学习的眼光去看待。为什么别人能脱颖而出？是因为他们看准了目标，一如既往地去追求，走过一段路后能调整步伐、修整和反思。

其实每一个走路的人都应该怀着一颗自信但不固执的心，应该留意路上的风景，否则我们怎么知道还有红色的爬山虎？怎么知道除了香山还有地方看枫叶？大多数时候，我总是为自己找理由，没有时间、没有意识去欣赏路边的风景。于是匆匆而过，没有留下咀嚼的闲暇。很多东西都如浮光掠影，稍纵即逝。只有驻足而立，才可以看到自己身边也有赏心悦目的风景。

其实我要表达的是，作为校本教研，我们要把握它的内涵：在学校中、基于学校、为了学校。每一种策略的推进、每一种模式的建构都要适合自己学校的特点，从点开始，逐步扩展，形成系统。这样的东西才是你自己的，否则朝三暮四，这山看着那山高，最后可能丢了西瓜还没捡到芝麻。盲目模仿，东施效颦，只能落到邯郸学步的结局。

我校走的是一条"以研促教"之路，而"研"又是以课题带动的"研"，通过课题研究这一载体，我们搭建了校本教研的平台，立足于学困生课题的研究。从错题采集分析开始，我们关注学生的学习心理、关注教师的课堂教学，试图解决我校的实际问题以及新课程实施过程中的一些困惑。从老师们的体会中，从期末测试的统计表中，我们证明了我们的研究是有效的。

"路漫漫其修远兮，吾将上下而求索。"我们将一如既往地前行，在前行的道路上保有一种开放而不盲从、自信而不自负的态度，既欣赏别人的风景，又留意身边的风景，还要记住，我们也是一道风景。

阳光总在风雨后！

香港之行　行成于思　思成于行

昨天下午，我区小学三十位校长以及八位局领导、科室领导顺利抵达广州东站，标志着为期两天的香港教育考察圆满结束。

两天的时间虽然短暂，但是由于整个活动程序安排得紧凑，活动内容丰富多彩，参观学校精心选择，我们仍然可以"窥一斑而见全豹"，我们仍然可以触摸香港教育的脉搏，我们仍然可以满载而归。我们沉甸甸的收获中，除了来自香港的同行，还有与我同坐一车的校长，和他们的交流也是一种分享，我们获得了很多启发。

让我再一次回顾这一趟愉快之旅吧！让我们再一次看看回放的镜头吧！

9月20日上午10点20分左右，我们走进了香港特别行政区政府教育局大楼，为我们介绍情况的是高级学校发展主任杨景辉先生。杨先生报告的主题是：香港教育改革——精益求精。他从香港教育概要、九年义务教育的课程设计、教育改革成效等方面让我们对香港的教育有了一个感性的、初步的印象。我有三点思考：第一，香港人对自己的教育是自信的，对教育的前景更是充满信心的，"精益求精"四个字的选择恰如其分、恰到好处，正如杨先生所说：千万不要认为自己的制度是不好的，我们的制度是好的，只不过我们要做得更好。第二，作为一位教育局的发言人，他对香港的教育现状认识很深，分析很透彻，讲述很清晰，对校长的提问对答如流，可见香港教育局也很重视对学校、对家长、对学生、对

社会教育需求的调查和了解。第三，作为一个全港的教育局，他能对学校提出很多具体的办学目标，引导学校办学方向，让学校知道做什么、该怎么做是难能可贵的，例如教育措施概要中提到了以学生为本——提高学习的兴趣、学会学习，甚至对家长的角色也有明确的规定。从杨先生的侃侃而谈中，不难感觉到香港教育和内地教育的共性：将学会做人摆在首位（德育和公民教育），倡导以学生为本，注重学生的全面发展和多元评价，重视课程的时代性和国际性，重视家校合作共同促进学生的成长。

下午，我们准时来到宝血会嘉灵学校，映入眼帘的是整洁的校园和浓淡相宜的紫色外墙。看着小朋友挥舞着气球在校道两旁夹道欢迎，大家都很激动，纷纷把孩子们的笑容和自己的身影留在相机里，孩子们牵着我们的手把我们领到了学校宽敞的礼堂，迎接我们的是一张张热情的、充满笑容的脸和一个个得体的、谦恭的姿势。嘉灵学校是一所教会学校，其校训非常明确——敬主爱人，进德修业。学校校监致欢迎辞后，几位领导先后向我们介绍了学校的年度校务简报、学校的英语特色课程。接着我们观摩了一节英语课，孩子们唱着与主题相关的英语歌步入课堂，在一外、一中两位老师的引导下进行学习，寻找同伴进行交流、写作。我不是教英语学科的，不敢妄加评论。但是，学生交流时轻声细语——只有两人才能听到的声音，着实让我感到诧异：我们的孩子一讨论起来就轰声四起，要很费力才能听到对方的发言。是宗教与非宗教的差异？是香港与内地的差异？还是这所学校的孩子与我校的孩子的差异？

我相信，在宝血会嘉灵学校，学校齐全的教学设备、匠心独运的功能室、特殊的校园文化、谦恭有礼的师生都会令人难忘。而尤为深刻的应该是笑容可掬、干脆利落、活泼可爱的欧阳小娟主任和她对学校发展的阐述。从欧阳主任的介绍中，从学校的资料中，我深深地为这所学校的精细化管理而顿生敬意。明确的办学宗旨和学校愿景引领学校的教师和学生朝着一个明确的目标前进；课程发展既有中长期的规划，又有具体、清晰的年度主题、目标、策略和预期成果；学校提出的主题工作都有具体的施行范畴和细致的施行方法；学校的《生活小贴士》细致入微，操作性强；专题研习资料体现了很强的指导性和及时搜集资料的习惯……而且所有的工作都能围绕学校年度发展主题，目标性强。

第二天，我们的第一站是北角官立小学，所谓官立是完全的政府办学、政府投入，就是我们所说的公办学校。在半天的互动交流中，我们感受到学校明显的办学特色：小班教学、资讯科技在教学与管理中的应用、科技创造、一生一体艺政策、家校合作。

来到学校，进入校门。吸引眼球的首先是身着红色上衣、列队欢迎的八九位女士。是老师吗？不像。是校工吗？应该不是。经过和他们的交流，才知道原来是学校的家长义工。新鲜！在整个参观的过程中，一直有她们相伴。她们各负其责，或带领我们去观课，或带领我们参观各个场室，或给我们介绍学校的情况，或协助学校发放资料等，俨然个个都是熟手。

无论是来自切身的感受，还是聆听校长的介绍，抑或是翻阅带回来的资料，都让人感受到北角官立小学厚重的文化和细致的管理以及浓浓的人情味。看看墙角下为学生设计的伞架，看看阅览室外的还书箱，看看英语角陈列的每一张细小的卡片，再看看墙上张贴的"阅读策略指导"，还有课堂上教师的恬淡和学生的自如、一切都流淌着真、流露出细……

最后一站是位于香港新界上水马会道十九号的凤溪小学，这所学校是一所数一数二的具有氏族办学特点的学校，是由廖族先贤在家族祠堂创办的，最初是一所私塾乡村小学，如今已由政府接管，转为公立的性质。今年恰逢学校建校七十五周年，学校已于五月份举办庆典，影响甚大，香港前行政长官曾荫权还亲笔题词。我想，个中原因源于凤溪学校是一个颇具影响力的慈善社团，源于它一直推行的优质教育、服务社会，为社会培养了诸多的栋梁之材。如今的学校已不见祠堂的痕迹，在我们面前的是叹为观止的公园式的校园。

看着陈列室中琳琅满目的奖杯，我们不禁咋舌。

而我最感兴趣的是他们办学特色之中的"专题研习"，专题研习应该是我们的综合实践活动课程，他们已经实践了好几年，而且卓有成效。从与廖子良校长的交流中，我得知他们有自己的关于"研究技能"的教材，而我几年前对此已有所考虑，但仅仅限于放入"天河部落"的个人博客中。我婉转地向廖校长表达了自己希望拥有一套他们的教材加以学习和借鉴，廖校长欣然地留下了我的通信资料。

纵观三所学校，它们各具特色，但也有着共通之处：办学历史悠久，善于积淀，拥有较深厚的文化底蕴；凸显民主、平等、尊重、和谐的群体文化；重视办学理念和办学宗旨的确立，能根据学校的实际挖掘学校的特色，做实、做精、做细，使之鲜明、凸显；重视素质全面发展，举办形式多样的兴趣班，培养学生特长，因材施教；在课程的设置方面很重视信息化教育、专题研习、中国传统文化的传承。

因为我是第一次到香港的学校参观学习，因而此次外出在我的面前打开了另外一扇色彩缤纷的窗户。当然，我们应该学习的，不仅仅是别人的经验，更重要

的是别人的思维方式；我们看到的，不仅仅是表面的色彩纷呈，更重要的是透析别人的精髓。我们在学习他人的同时还要和自己对比，找出差距，而这差距，不仅表现在自己不如别人的方面，也表现在自己优于别人的方面。此时，我想起了柏拉图说的一句话："认识你自己！"正如刘调研员所说："我们也做得很好。"是的，学习他人并不是否定自己，而是为了做最好的自己。"精益求精"，这不仅是香港教育改革的宗旨，也应该成为我们的座右铭。

香港之行结束了，可是我们的思考仍在继续。我要和我的领导班子、我的老师、学生分享我的感受，希望通过我的介绍，让他们感受到香港教师的敬业和爱人、香港孩子的文明和快乐。我更要和我的班子成员、教师团队一起再一次挥斥方遒、指点江山，共同谋划学校未来的蓝图。

2007 年 9 月 22 日

方圆印象

——记方圆小学"现代整合教育"理论与实践研讨会

对方圆耳熟能详是因为方圆小学与我们同为"十一五"规划课题实验学校，但也只是耳熟而已。今天，我放下案头的工作、放下街道的会议、放下学科基地开放的观摩，受邀来到了方圆，来到了被课题组几度夸赞的方圆。

进门后我便受到了热情的礼遇，列队欢迎的老师和同学，签名处笑容可掬的询问，彬彬有礼的小导引，满眼的鲜花和绿树给我一种温馨、生机的感觉。随着小同学的导引，我跟着他登上楼梯，一路上他不失时机地向我介绍楼道两旁的花和树，介绍他们的电脑室，介绍他们的语音室。

在三楼的尽头，小同学把我交给了老师，我在学校老师的带领下走进了会议室。会议室是圆形的，两旁的椅子一圈排开，中间摆上了条桌。环顾会议室，装饰并不奢华，色彩也不夺目，但舒适、和谐。主席台前用鲜花装点，整个会议室充满了鲜花的馨香。

专家和领导陆续走向中间的座位，他们都是一些老同志，经介绍有全国教育学会副会长、广州市教育学会会长、白云区教育局副局长等,除了杨副局长是年轻的领导,除了方圆集团的董事和广州市教科所的周研究员在职,其余的都是从领导岗位上退下来的广州教育的前辈和专家,他们都是方圆小学的智囊团成员,有原广州市教育局副局长、原东山区教育局局长、原广州大学校长等。

经介绍,我才知道方圆小学的管理体制是校务委员会领导下的校监负责制,学校的校监叫梁妙仪。梁妙仪校监送上了热情洋溢的欢迎辞,很真诚,很有文采。翻阅了材料我才知道原来她曾经是一位语文老师,做过语文教研员,还做过文德路小学的校长,在语文教育和语文教学改革方面成绩斐然。她的教学改革得以在一定范围推广,是广州市语文教学的一面旗帜。同时她也是一位杰出的校长,在担任文德路小学校长期间她以心理健康教育见长,开创了学校发展的新局面。

在轻盈悠扬的音乐声中,在饱满激情的朗诵声中,方圆小学可爱、大方的孩子和端庄、美丽的老师把学校办学六年来的文本成果——五本已出版的书送到了我们的手中。代表们都急不可待地翻阅,会议室里又悄然地飘散着淡然的墨香。

研讨会的主要内容是梁校监和她的两位副手向大家介绍集六年智慧和心血为一身的、蕴含学校办学思想的《现代整合教育刍论》,然后由三位专家进行点评。

由于有来自专家的点评,倒少了我的苦苦思索,虽说也是有感而发,可比起专家的评价就显得不够到位、不够详尽。索性就引用专家吴紫彦教授的评述吧:

"梁妙仪校监是一位教育理论水平高、富有智慧和创造力的教育家,她主持的见校小组因势利导,把学校的建设和发展定向为'全面实施素质教育',定位为'建设优质教育学校',定格为'时代精神和民族特性的融合',着力寻求在传统教育和现代教育、东方教育和西方教育剧烈碰撞的条件下,与全球性'优质教育'的价值取向、基础教育课程改革的基本理念相吻合,能够彰显时代精神和民族特性的办学思想和办学模式,走中国特色的社会主义基础教育的办学道路。经过科学的论证,他们提出现代整合教育的办学思想,走融东方和西方教育模式于一体、熔现代和传统教育于一炉的办学道路;确立'理念立校''文化彰校''科研兴校''质量强校''人本治校'的管理方略。"

"现代整合教育的研究和实践有三大亮点,构建成现代整合教育的三道美丽的风景线:一是厘定了现代整合教育的办学理念;二是缔造现代整合教育的学校文化;三是构建现代整合教育的运作模式。"

"本书'三篇九章'的结构框架,是以上述现代整合教育校本研究与实践的'三大亮点'为基石而演绎出来的。全书分为理论基础篇、学校文化篇、实践模式篇。其间，贯穿着一个总括全书的主旨——以整合为方法，以和谐为状态，以创新为目的，有组织有引导地实现教育思想的更新、教育目标的调整、运行模式的重构，建设融东西方教育模式于一体的、实现素质教育优质化的基础教育学校。总体来看，本书比较全面地反映了广州市白云区方圆实验小学实施现代整合教育的动因、过程、方法和取得的预期成果。"

过去觉得教育家离自己很遥远，尤其是基础教育的教育家。现在，我的佩服之情油然而生。不简单，六年！六年前的选择铸就了六年后的成效，其秘诀在于明确的教育目标、在于执着的教育理想、在于持之以恒的实践！

方圆小学的校园很美，方圆小学的学生很雅，方圆小学的老师很甜，方圆小学的校监很深沉！

离开方圆，我觉得真是不虚此行。在方圆，我照见了自己的浅陋、懒惰和轻慢。我觉得用"薄"和"浅"来评价自己再恰当不过，我真应该彻头彻尾地反思，六年的校长经历，没有丰厚的积淀，没有刻骨铭心的、足以撼动思想根基的作为。

这些年来，我书读得不少，但是消化力不强；书读得不少，可是执行力不强；书读得不少，但定力不强。外界的干扰、功利的思想依然左右着我的灵魂，让我的思想依然游离，让我的情绪脱离不了浮躁。

方圆触动了我，梁校监触动了我。若干年前一位前辈的告诫又在我耳旁响起："迅速给自己定位！"四十而不惑，我真该好好厘定自己的教育理想，构建属于自己学校的管理文化、课堂文化、德育文化。

感谢方圆！感谢梁校监！

岛上，有这么一所小学

有这样一个小岛，仅仅靠着船只保持与外界的联系。云雾缥缈的时候，你伫立对岸却看不到它的踪迹；你置身其中，却仿若走进了曼妙逍遥的仙境。当云雾散尽，远远看去，除了依稀可辨的村庄，还有船只、渔人，动静有致，意境深远，你会为大自然绘就的这一幅娴静的中国水墨画啧啧称奇。

踏上小岛，犹如走进了陶渊明笔下的桃花源，完全地与世隔绝，真正的另一番天地。这里有林林总总的岭南佳果；这里有排列整齐有序的村庄，小巷曲径通幽处，鸡犬之声相闻；鳞次栉比的房屋透出历史和文化的气息，不乏岭南建筑的艺术风格；田里一行行的菜畦被他们的主人整理得平整有致。这里还有香火鼎盛的包公楼，有留洋第一博士、当过末代皇帝老师的陈焕章故居，有"桑基鱼塘""大榕树荫""水乡蕉林"等旖旎风光。这个美丽的地方，这个面积仅仅 6 平方公里的小岛就是位于肇庆市广利镇码头对面的砚州岛，因宋朝包公"掷砚成州"的传说而得名。

因为劳作和生活的需要，这里的农民凌晨两三点钟就要起床，到地里采摘新鲜的瓜果和蔬菜；晚上八点半左右，整个村庄就沉睡在一片安谧的气息中。绕着村庄的那条水泥路仅仅依稀可辨，路灯也已经睁着惺忪的眼，发出昏暗、朦胧的光亮。

岛上既有心旷神怡的田园风光，又盛产乡土风味的绿色食品，还不乏醇厚的民风和古朴的文化。或许正因为如此，小岛成为都市人休闲的好去处。不过，小岛并没有人影幢幢的情境，也没有浮华的商业气息。因为整个小岛只有一家"超市"，超市其实只是岛上居民自家楼下一个小小的士多店。岛上的旅店就此一家——砚州堂，里面住宿的只有小楼两栋，客满也不超过八十人。

所有的感受最后只浓缩为三个字：简、静、美。

去的那天下午，我站在走廊环顾四周，陶醉于周围的娴静，一任思绪信马由缰。忽然柔和的铃声将思绪拽回，不一会儿就传来了孩子的嬉闹声。先来的朋友告诉我，隔壁就是一所小学。

第二天早晨，趁着早餐后会议开始前的空隙，我们一行人走到了隔壁的小学——砚州学校。有一些孩子正在操场玩耍，应该在上体育课吧！其中的一个孩子大方地走过来，我们请他让老师打开校门，他一转身就进去了，不一会儿，一位三十多岁的妇女走来，我们与她说明来意后，她将门锁打开，把我们让进了校园。

校园不大，进门就是操场和跑道，跑道最长处大约 60 米，绕着篮球场和两个羽毛球场的环形跑道不足 150 米。左右两边都是树，右边的树下摆放着几张水泥乒乓球台。严格来说，整个校园只有两栋仅仅挨着的楼房，一栋是教学楼，另一栋是专用室。我们信步而行，大家在宣传栏前驻足，不由为老师和学生的书法、美术作品羡慕、赞叹不已。

校长下来了，对我们这帮不速之客并没有戒心。他应我们的请求，带我们参观了图书室、教师办公室、体育器材室。站在课室前面，他告诉我们这所学校老师加上学生一共是七十多人，六个教学班，人数最多的时候有一千余人，现在岛上的居民大多搬到镇上或肇庆市去了。校长还告诉我们，六位教师中，当天在学校的只有三人，另外三位教师都住在对岸镇上，由于雾大没有船只往来，没办法上班。

看着孩子们单纯的笑脸，听着孩子们普通话不太标准的朗读，翻阅着已经泛黄的小人书，欣赏着黑板上秀美的粉笔字，注视着办公室里简单的设备，我心里五味杂陈。有对校长和老师们坚守的敬佩，有对孩子们快乐、积极的欣赏，同时更有一种比照：身处大城市的老师和这里的老师，他们的艰辛和待遇；享受着信息化设备的学生和这里的学生，他们的快乐和幸福；拥有着日新月异的课外书的城市孩子和这里的孩子，他们的欲望和梦想；文化氛围、现代气息浓郁的城市学校和这所简陋的小学；写字时总是需要提醒姿势的城里学生和这里的学生……

因为要赶着回到旅店去参加会议和培训，我们只好匆匆作别，见校长打开门，外面那条大黑狗摇着尾巴进来了。原来，我们进学校后，是校长将它留在外面担任"保安"职责的，现在它已经完成任务了。

走出校门，我们还留意到校门口有一张陈旧的"告示"，告示应该是寒假期间张贴的，告诉同学或家长，要留意校门口通知的开学时间。多好，用不着校讯通，连印刷的纸张也省了。

回来的路上，一位年过四十的校长说："我小时候的学校就是这样的。"听到这句话，我们又会生发出怎样的感慨呢？

培训结束，午餐后本该踏上归程的我们由于雾锁西江，船只无法通行，只能滞留待命，我们再一次踏上屋顶的晒台，俯瞰岛上人家，可惜一片茫茫。

登上停靠的客船，回首告别之际，我们由衷地感慨：岛上的文化真醇，岛上的风光真美，岛上的学校真简陋，岛上的孩子真朴实！

2012 年 3 月 10 日

优秀校长的角色：文化人、设计师、慈善家、激励者

——重庆、成都学习考察报告

2013 年 3 月 24—28 日，在教育局王建辉副局长、区进修学校肖伟宁校长的带领下，我区 28 名小学校长开始了名校长培训活动的第一次外出学习考察活动，考察活动安排在重庆、成都两地。此次考察，我们参观了五所学校，聆听了六场报告，可谓主题明确、重点突出、紧凑高效、精彩纷呈。

在考察的过程中，每一位校长始终保持着认真学习、虚心请教、细致笔记的习惯，大家对每一所学校深厚的学校文化叹为观止，对校长特色鲜明的办学思想钦羡不已，被每一场内容充实、精彩纷呈的报告深深吸引，应该说此次考察，大家无不为校长的情怀而感动，无不为校长卓著的思想而折服。几位校长的智慧和精神激荡着每一位校长的心灵，激发我们反思自己的办学行为，激励我们更深层次地思考如何去担当肩上那一份沉甸甸的责任和追求个人价值与学校发展的最大化。

记得华南师范大学附属中学吴颖民校长曾说，校长有六大角色，分别是思想家、领路人、设计师、施工员（好老师）、社交家、神父（做思想工作）。这次考察，每一所学校校长身上所投射出来的正是吴校长所说的六种角色的聚合，他们都是实至名归的优秀校长，他们以及他们所在的学校带给我最深的感受有四点：

一、优秀的校长，是深谙教育规律、品质高雅的文化人

这次考察学校的五位校长中，有两位男校长、三位女校长。他们都有一个共同的特点：儒雅。四牌坊小学的校长虽然来自农村小学，除了真诚、踏实、敦厚，依旧能让人感到一种"腹有诗书气自华"的正能量。川大附小的校长则给人一种大气、儒雅的学者风度。三位女校长都有一个共性——"美"，无论是略施粉黛还是素面朝天，都深深地震慑着你、吸引着你。她们的谈吐没有一丝高傲，没有一点矫饰，让你感受到久别重逢的朋友的那种亲切，她们视野之广、思维之深、情感之真的谈吐砥砺着我们的心灵。这就是我们常说的内涵！这就是我们常说的文化底蕴！高品位的后面，必定是长年的思考、长年的学习。

"博学之，审问之，慎思之，明辨之，笃行之！"长年的学习、思考再加上实践，让校长们拥有了教育家的胸怀和底蕴。只有校长品质高雅，只有对教育规律深刻理解，才能够高屋建瓴，引领学校发展的方向，引领学校文化自强。

（1）教育是一种慢的事业。

川大附小校长："人的生长周期是最缓慢的。""教育是一种慢的事业，只有慢才能在学生的心灵中生长。"

草堂小学校长在交流中几次提及"慢慢的，细细的"，他笑谈："有的东西至少还需要一个十年，而我是没有办法做到的，那时我已经退休了。"

珊瑚小学校长在谈到"亲亲课堂"核心要素时说："过程亲证，学如历险。以学生为中心，哪怕内容少一点，也要让学生亲历。"仅五大体系之一的"亲亲课堂"就用了五年的时间去探索。

成都实验小学的"雅"教育也是"十年磨一剑"的结果，而四牌坊小学的"融合教育"绝非一日之功。

这些优秀的校长深谙教育之道，深谙儿童哲学，始终在追寻教育的本真，始终在思考的目的：促进人的发展。他们的心中"有人"，眼里"有人"。所以，他们研究儿童的成长规律，尊重儿童的发展规律，遵循教育规律，不急功近利，不揠苗助长，而是独具匠心，为孩子创设温馨而高雅的成长环境，让他们潜移默化、耳濡目染，静静地绽放，绽放朝阳般的灿烂。

（2）课程是学校的产品。

"课程才是我们的产品，学生不是。"这句话出自草堂小学的蓝继红校长。五所学校的校长在谈及学校的规划和文化时无一例外地显示出对学校课程的重视，而且在办学过程中构建了较为成熟的课程体系。学校课程是支撑学校办学思想、凸显学校文化的重要支撑体系。学校课程设置的水平对校长来说是视野和品位的考量。

五所学校的校长都极其重视课程的影响力，课程分为显性课程和隐形课程，按级别来说，则分为国家课程、地方课程和校本课程。透过和谐、高雅、优美且渗透学校办学理念的校园环境，透过学校介绍的各种活动，可以看出校长品位的高尚和对隐形课程的理解和创新。

珊瑚小学对国家课程进行了一次、二次开发，将"亲亲教育"的理念渗透在校本课程中，从学生的生活实际和成长需要出发，引领学生的未来需要。珊瑚小学设置了三个层次的校本活动课程：①每天下午一个年级活动。②一、二年级教师走班、学生走班的活动。③拔尖学生的社团活动。

草堂小学毫无保留地与我们分享了校本课程的盛宴，如校级课程"国旗下的戏剧""节气""华夏神话"等；中国传统文化类课程"仰止堂课程"（诗歌类课程，周二下午）；由社区的专家到学校来或带学生到社区参与实践活动的"社区课程"等；由年级校长和老师共同开发的年级系列，例如"家长课程"，由家长自由申报且担任讲师；以班主任为龙头，以主题班会为核心内容的班级课程。

我深深认同教育是一项慢的事业，校本课程必须遵循孩子的身心发展规律，必须立足学校的实际，体现学校的特色。反观自己的办学，是否对教育的认识还停留在表层？是否存有疲于应付的状况？是否有时候难以沉下心来静静地思考？是否对学校的发展目标仍然不够明晰？在未来的学校管理中，我应该更加努力地学习，丰富文化内涵；更加努力地实践，修炼品质，夯实内功，参透教育的本质，完善学校的核心理念，抓好课程建设，建构好校本课程，建设一所有品位、有文化、有影响的学校。

二、优秀的校长，是明晰教育哲学、思想鲜活的设计师

有着七十八年历史的成都实验小学，在校长陆枋的带领下，在传承的基础上，根据时代的变迁和教育的现实推陈出新，从第一任校长的"新教育"，到前任校长的"活"，演变为现任校长的"雅"教育，描画学校的愿景：教师是儒雅的，学生是文雅的，学校是高雅的。而不变的是学习的校训"堂堂正正做人，勤勤恳恳做事"，教育的目标不就是怎样"做人"和怎样"做事"吗？这就是教育本真的追求，不仅是几代人的追求，也是亘古不变的追求。

重庆江津区四牌坊小学更是植根于历史文化的土壤，融古通今，融陈融新，融中融西，基于"为天地立心，为生民立命"的思想，结合现代社会对培养人的需求、结合学校乃四校合并的现实，提出融合文化的理念，构建融合精神、融合教育、春播未来的体系，并提出环境育人、文化育人、课程育人、行动育人的策略，且每个策略之下都有完整的、细致的支撑体系。鲜活思想的注入，让四牌坊小学成绩斐然，享誉重庆，让曾经默默无闻的农村学校蜚声巴蜀大地。

走入重庆南岸区的珊瑚小学，浓郁的科技气息扑面而来，由于地形所致，学校错落而有层次，登上石阶，豁然开朗处俨然是一个公园，公园里还有科学家的雕塑，地面上凿刻着科技小知识。我们兴致勃勃地看着、拍着。一抬头，又是一级级的台阶，我们拾级而上，竟然别有洞天——绿树掩映间是一个个大大小小的风车，手痒又好奇的我们一按柱子上的按钮，风车便转了起来，这是风车园，除此之外还有气象监测仪等。

尾随着队伍，我们走进了学校的科技馆，一共有三层楼，每一层都陈列着林林总总的科技仪器，甚至连车模也有，一点也不亚于真正的科技馆，让我们钦羡不已。有的校长说，广州市任何一个区也未必有这样专业、齐全的科技馆。

层叠的"山腰"公园、"山顶"公园，让人羡慕的科技馆，让人耳目一新的电子自助图书馆，神奇的穿越牌……无不凸显鲜明的科技特色。凭借科技这一个项目，通过学校上下的大讨论，学校提出了"珊瑚最红，孩子最亲"的理念，在专家的指导下，抓住"亲"字做文章，演绎出"亲亲教育"，进行顶层设计，构建了亲亲校园、亲亲课堂、亲亲课程、亲亲团队、亲亲德育的体系，且以科学为切入口，建设亲亲校园文化。于是，我们看到了探索空间、互动空间、展示空间，而这一切又都围绕着一个中心"校园内所有东西都要有利于学生的思维"。课堂是素质教育的主阵地，课程是素质教育的核心，亲亲课堂意味着关系亲和、过程亲历、生命亲赞；亲亲课程意味着生成、生活。既有顶层设计，又有内容支撑，且能落到实处。这样，历时十四年，一所乡村的中心小学脱颖而出。

川大附小亦然，文化底蕴颇深。校长深知学校规划的重要性，他在《思想落地文化生根——学校规划制定的实践思考》的报告中，首先讲到规划的魅力和价值，他自1999年至今，制订了三个中期规划。每一个规划都建立在对学校的充分调研的基础上，都建立在继承学校已有的文化和资源上。后面的每一个规划都是对前一规划的延续，后一个规划也是在时代、社会的变迁中注入了新的、鲜活的元素。规划就是愿景的蓝本，规划就是行动的宣言书，规划凝聚了学校及社会资源，规划更凝聚了群体的智慧。川大附小对规划的重视助推学校起步时一步一步脚印、脚踏实地，最后大刀阔斧地向前，形成了"生活教育"的学校思想体系的文化精神和学校文化内涵，构建了校本课程，完善了提升教师校园生活质量的课堂活动体系，形成了集团化发展格局。而今，川大附小更有底气地提出了高原的目标：聚焦学校办学使命，立足一切从儿童出发，完善学校和分段路径，培育研究型生态学校，完善现代化保障系统，形成"四个人"（吸引人、激发人、生长人、走出人）的评价系统。

可见校长必须有深厚的洞察历史的能力，根基于自身的历史沿革，立足自己的实际，确立特色化和个性化的办学思想，让这种思想转换成文化，让这种文化生根，产生强大的凝聚力、吸引力、辐射力，而且不断地激活和焕发出新的活力和创造力，让学校文化之树更加枝繁叶茂。

三、优秀的校长，是敢于担当、襟怀宽广的慈善家

南岸区珊瑚小学校长在介绍自己学校时的第一句话就是"教育就是慈善事业"，我深以为然。我又联想起充满爱心的"珊瑚最红，孩子最亲"，不由佩服！

成都实验小学校长认为教育的本真就是"以人为善",提出"雅—正—善","不断地去找事情,与专家交流,多接任务"。陆校长的"善"体现在她的低调、她的感恩、她的敢于担当,针对当时社会的浮躁、教师的职业倦怠、信仰的缺失,唤醒老师的"善",将老师引导到平和、安静的"雅",因而"雅"教育应运而生。陆校长的慈善事业,体现在她的低调,面对前总理李鹏曾经就读该校的事实,陆校长没有像别人在校门口悬挂醒目条幅或是大型喷画大肆宣传,而是将一个A3纸大小的牌匾挂在学校里面的一个门框上,它的作用在于激励,只要让每一个孩子都能看见,就够了。陆校长的慈善事业不仅在于带领全校师生为地震灾区捐款捐物;还在于主动承担远程网校的录播,带动六十五所民族地区学校的发展,亲自带领教师到不发达地区讲学,让同在蓝天下的孩子能享受到"教育公平"的阳光;更体现在"不因善小而不为""把细小的事情做好",把"是否有利于学生发展,是否有利于教师发展"贯穿于激励人、调动人的积极性的"以事育人"的理念中。

草堂小学蓝继红校长如是说:"不要去追别人,不要去超别人,不要去挤对别人,做好自己的教育。"因为把教育作为慈善事业,所以蓝校长把智慧和精力倾注在学校,提出"最好的自己,诗意的方向"的办学理念;因为把教育作为慈善事业,所以蓝校长看见了学校的灵魂,看见了人,也让人看见了自己,彼此之间互相等待,互相对话;因为把教育作为慈善事业,所以蓝校长挖掘了"诗歌"背后的灵魂——真、善、美,并将学生引向真、善、美;因为把教育作为慈善事业,所以处处可见校园流淌的智慧之美、人文之美、童趣之美;因为把教育作为慈善事业,所以蓝校长能够真诚地包容,吸纳众人之智慧,能够充分地信任每一个人,刚柔并济,充分放权,建立"教师执行校长"制度,调动团队的力量。心中执有的"善",凝聚了人,发展了人,成为一个大"善"!

作为慈善家的校长,他为学生、为社会奉献的不是钱财,而是一种精神,是担当,是智慧,是心血,是一种超乎所有的物质、一种用任何数据都无法统计的财富。正如陶老先生所说的:"捧着一颗心来,不带半根草去!"

四、优秀的校长,是善解人意、独具魅力的激励者

草堂小学蓝校长飘然走进"客至厅",一种平实、真诚的感觉便油然而生。而此后她娓娓道来的故事,告诉了我们校长凝聚团队、激励团队的法宝是什么,而这法宝是每一位成功的校长必须拥有的。

(1)相信人。当我们担心学生会不珍惜读物,会把书带回家的时候,我们参观的几所小学的专业室都是开放的,学生只要有时间就可以进去。在川大附小、

成都实验小学和草堂小学，我们发现放学后学生可以随意地留在学校，可以随意地留在学校的任一场所。我们看到学生在阅览室静静地享受阅读的快乐，我们看到学生涌进了"仰止堂"下棋，我们看到学生三三两两地留在心理室做功课，我们看到学生在乒乓台前"厮杀"，我们看到缀满枝头的红樱桃……再看看珊瑚小学对老师的口号："我愿意去发展学生；我能够去发展学生；我最会去发展学生。"激发了教师的责任意识和主人翁意识。

（2）帮助人。几位校长不仅是行政上的领导，也是热心的同伴。陆校长在谈到发挥学生的主体作用时说："给他机会，但一定要给他指导。"珊瑚小学的"亲亲团队"意味着合作和帮助，"雅"教育的解读中不乏善的元素，善的重要含义就是乐于帮助他人，没有帮助，就没有团队和教师个人的成长，就没有一个学年（学期）向外输送六位骨干的典范。帮助，在于深入课堂，"凡听课必评"；帮助，在于亲自操刀，让老师在比较中接受；帮助，在于理解，当老师认定校长会狠狠地批评将淘气学生赶出教室的自己时，校长显示出的却是同理之心，让教师深为感动。更为感动的是，校长亲自到班上去教育孩子，让孩子把老师请回去上课，帮助师生融洽关系。

（3）展示人。四牌坊小学的邹校长在介绍《课程育人，培育英才》的做法时，有一个重要举措是"搭建七个展示平台"，包括学校名师工作室、鼎山大课堂、学校名师研讨会……珊瑚小学每年一次的青年教师擂台赛为教师的成长搭建了展示的平台，成都实验小学每年的述职大会、每学期的研究主题课、教师专家团队、网校课程同样是老师们搭建的展示舞台，成都草堂小学执行校长事迹、教师的随笔《万涓成水》等都是极好的展示。因为展示，感受被欣赏；因为展示，感受被重视；因为展示，感受要成长。

（4）成就人。老子的《道德经》第八章写道："上善若水。水善利万物而不争，处众人之所恶，故几于道。居善地，心善渊，与善仁，言善信，正善治，事善能，动善时。夫唯不争，故无尤。"优秀的校长具有成人之美，草堂小学拒绝从外校调入名师，而是充分相信教师，立足培养名师。四牌坊小学建立"三子"人才培养制度，引导教师制订三年、五年、十年甚至终生学习规划。

成都实验小学重视做事要先有"思想"，再有策略和行动，以及一系列的教育专业发展制度的保障，让老师看到自己的价值，看到自己的未来，体验到耕耘的快乐。累，并快乐着！

（5）感动人。在重庆、成都虽然只有短短的四天，但每天都为校长们而感动，我相信每一位考察的同行和我一样。在一件件平凡的事件中，在一个个真实的故事里，在一间间温馨的图书室里，在一处处精致的的景物中……我们被校长的智慧、校长的胸襟、校长的细腻而感动，好几次几乎要落下泪来。这些感动直抵心灵最柔软的地方，散发出温情。我们如此，何况朝夕相伴的老师！丰满的人格、温润的人性是一种不可抗拒的软实力，一种不可比拟的正能量！

此时，我不由记起《师资建设》执行主编黄明超在"道德力与学校发展"的培训中的几个关键词：道德力、观察力、持中守正、圆融自在。凡此种种，不正是几位优秀校长的魅力所在吗？

他们身上，诠释着何谓幸福教育、何谓享受教育，诠释着一个好校长就是一所好学校！

整理思绪，我仍觉得不能完全表达我的收获，挥洒恣肆地写下以上文字，竟觉得意犹未尽，有一些话、有一些场景触及心扉，不可不收而藏之。

面对前总理李鹏曾经就读成都实验小学的事实，公路旁的校门口（第一道门）没有醒目的宣传，而是一块小小的牌匾悬挂于内门（第二道门）。陆枋校长（还有之前的校长）思考的是，这一事实是为了宣传还是激励？陆校长在"新教育""活教育"的基础上，基于社会转型、职业倦怠的大背景，提出"雅"教育，他思考的是要竞争还是要合作？"毕业季"念出每一个孩子名字的做法、樱桃树的故事，他思考的是要过程还是要结果？

蓝继红校长说："要互相看见，互相等待，互相对话。"这句话很值得我们思考，我们在处理矛盾的时候，我们在制订规划的时候，我们在布置具体工作的时候，是否做到了"看见"？

书香致远。每所学校都有几个阅览室，甚至一个楼层都是学生阅览室，不像大多数学校那么规整，而是温馨而雅致，童趣而舒适。书的品种多，数量多，而且都是适合儿童阅读、儿童喜欢的书籍，置身于其中的每一个孩子一定会体验到阅读是一件值得享受的事情，是一件快乐的事情，是一件有趣的事情。我们的阅读如何从功利转化为"像呼吸一样自然"，成为师生生命中不可或缺的一部分？

2013 年 4 月 6 日

南通教育，何以名家荟萃

全国教育看江苏，江苏教育看南通。此次百千万教育专家培养对象的南通之行，确凿地印证了这句话。四天的学习活动，无论是亲历课堂、聆听报告，还是参观校园，都不时让我们惊讶，让我们发出来自内心的赞叹，让我们深深地为南通教育折服。

教育的希望在于教师，南通教育名师荟萃，星光熠熠，仅 2006 年至 2013 年就培养了 38 位特级教师，储备的后续名师蓄势待发。在教育改革的浪潮中，是什么让这个仅有 700 余万人的中等城市声名鹊起，教育专家层出不穷，独立鳌头，让全国瞩目，赢得一片赞誉？此次学习考察，围绕着这个核心问题，我们反复追问，探寻谜底。

唯物辩证法认为，事物的发展是由内外因共同作用形成的，内因是根本，外因是条件，南通教育名家的成长与发展无外乎受到外因与内因的共同作用。几天来，目之所及、耳之所闻、心之所思，我认为南通教育名家（名师、教育专家）成群的缘由大致体现在以下方面：

一、外因——教育名家成长与发展的必要条件

（1）政府重视是名家萌动的先决条件。

政府对教育的重视，主要体现在两大方面，一是教育经费投入，二是尊师重教的理念。虽然我们没有考究（或者是我信息不足）南通教育经费所占 GDP 的比例，但是，从我们参观的几所学校看来，政府的支持力度之大是许多城市不能比拟的。首先，我们来看校园面积。海门东洲国际学校占地 195 亩，南通中学占地 105 亩，南师二附小占地 44 亩，建筑面积 22 000 平方米。虽然南通市并非寸土寸金，但其价值应是不菲。其次，学校现代教育教学设备设施齐全、先进，校园里的亭台楼阁、鲜花绿树、雕塑陈设，不仅让宽敞的校园充满浓浓诗意，还凸显高端、大气、上档次。置身于这样的环境，愉悦感、自豪感油然而生。

当然，更为重要的是对教育工作者的关怀，对文化的尊重。南通市政府历来重视教育，确立了"抓教育就是抓经济，就是抓小康；出了一个大学生，少了一个贫困户"的理念，真正认识到教育的价值，真正做到了优先发展教育，把教育

作为南通一张亮丽的名片。"教育的希望在于教师"，"优质教育的希望在于优秀教师"，思想是行动的引领，据此，政府出台政策，搭建平台，给予荣誉，为教育专家的孕育和成长提供了肥沃的土壤。这次我们见到的李吉林老师，除了政府给予的诸多殊荣，江苏省和南通市还先后5次召开推广李吉林教改实验的现场会，成立了李吉林情境教育研究所。还有因身体原因而失之交臂的江苏省中学数学特级教师、江苏省首批名师、享受国务院颁发的政府特殊津贴的李庾南老师。1989年，她被评为全国教育系统劳动模范，荣获人民教师奖章；1995年被评为江苏十大女杰，并被授予全国先进工作者称号；1998年被评为全国巾帼建功标兵和全国三八红旗手。1999年被评为江苏省教育系统十大标兵、江苏省十大行业杰出标兵；此外，她还是第九届全国人大代表。还有南师二附小的吴和平校长、东洲国际学校的陈铁梅老师、海安实验小学的许卫兵校长……

政府的肯定和举措就是支持和关怀，就是一种正能量的传播，必定激发广大教师孜孜以求，必定成为优秀教师实现个人价值的引擎。

（2）教育行政部门的理念与完善的机制是名家成长的保障。

4月2日下午，我们聆听了原教育局副局长王笑君长达两个小时的激情洋溢的报告，给我们留下了深刻的印象。其一，王局长本人就是一位有着深厚的文化底蕴，对教育不乏真知灼见的教育官员。其二，王局长对名师培养的情结和坚持。面对"名师不需要培训"的反对声音，他敢于坚持自己的主张，坚定地对"培养"进行诠释，他认为，培养是为名师的发展提供条件，搭建平台；培养是引导，是服务，是督促，是咨询，是合作；培养是外因激发内因的过程，也是自我需要不断深化的过程，是个性特征不断张扬的过程，是思想和主张更加清晰的过程，因而，培养是名师成长的必由之路，是名师成长的生态之路。

面对许多在职业倦怠中消磨或是陷入职业发展瓶颈中的老师，面对许多沦落为学科把关教师，失去了更高的职业追求的教师，面对亟待发展的年轻教师，作为一位教育官员，王局长想得更多的是：如何改变这种现状？教育行政部门如果不为他们提供外力，如何去发挥他们的作用？如何培养他们？该培养怎样的名师？……

各种各样的问题交织在一起，催生了王局长的思考，行动拉开了序幕，机制逐渐建立、完善。

作为有着优秀教育传统的南通教育，对名师培养的目标提出的高端定位是：促进新课改，培育新生代，培养教育家。

基于这样的思考，南通市教育局建立和完善了一系列的机制，包括名师培养的模式设计、名师培养的机制构建、名师培养的周期安排、名师培养的科学方法、科学有效的考核机制、为名师量身定做的个性化的培养方案等，体现了名师培养工程的系统性、计划性、长效性、阶梯性，为名师培养工程的健康发展提供了强有力的保障机制。

王局长对于教育主张、教学基本功、优质课堂也有自己的见解。

关于基本功，王局长认为，传统的"三笔一话"是初为人师就该具备的，是最底线。现代教师基本功应该包括备课、上课、评课、说课、研课、调研分析、心理疏导、价值引领、特长培育、教育评价等。

关于教育主张，王局长认为，名师应该成为有思想的实践者，名师应该逐渐形成自己的教育主张，教学主张应该是教学特色的内核，具有个体的独创性。但是，不能为了主张而主张，应该更看重为什么要提这个主张且要建立与之相匹配的操作型。反对片面的猎奇炫异，乱贴标签。

关于优质课堂，王局长认为，名师首先要沉下心来，立足三尺讲台，做到"立足平时，上好常态课；注重反思，上好研究课；同伴互助，上好交流课；遵循主张，上好特色课；坚持课改，上好创新课"。好的课应该称之为"优质课"，而不是高效课。课堂是生成的、灵动的，好课可以是一节未曾上完的课。

培养名师，打造优质课堂，其最终目标是学生受益。

能有这样执着、宽厚、坦荡、不急躁、不浮华的引领者是南通教育的幸事，也是南通教师的幸运。正确的方向，科学的路径，坚持的行动，不仅大大缩短了名师成长的周期，还让南通教坛人才辈出，星光熠熠，甚至成为各地教育抢夺的对象。

（3）甘于奉献的导师是名家成长的人梯。

红花还须绿叶，果实需要根的营养。南通教育能长盛不衰，南通名师如雨后春笋，后继有人，还得益于一批热爱教育、甘为人梯的先行者，他们学识渊博，人品卓著，具有共同的理想和追求。

他们中有情境教育的创始人李吉林老师，有提出"自学·议论·引导教学法"的李庾南老师。

早在1990年，李吉林老师就挑起了培养青年教师的重担，创建了全省乃至全国第一个以学校为基地的青年教师培训中心。她亲任培训中心导师，为青年教师开讲座、上示范课，指导他们分析教材、钻研教法，从理论素养、教学能力乃至人生志趣等多方面加以指导。她为青年教师创造外出学习的机会，把外出讲学的机会让给青年教师，让年轻人登台亮相，带出了一支过硬的青年教师队伍。如今，即将进入耄耋之年的她依然乐此不疲。

相关资料显示，2007年，由南通市教育局、人事局批准设立了李庾南数学教学研究所，每年培训300名优秀教师，其中有100名来自农村基层地区。

她们都"被"王局长招揽进了"导师团"。对于名师的成长，导师团发挥着助推器的作用。他们"思想上积极引导，赋予正能量；方向上把关，增强导向性；学术上把关，共同研讨，提升科研力；教学上把关，反复磨课，上好常态课；风格上把关，提炼教学主张"。不辞辛劳，不厌其烦，不畏人言，不求功利……这是什么精神？红烛？园丁？人梯？怎堪一比！

（4）历史与文化是酝酿名家的沃土。

一方水土养一方人。南通是一所具有厚重的文化底蕴的城市，早在战国时代就是吴国和楚国的必争之地，孕育了不甘落后、勇于开拓的精神。由于地理位置的便利，这里形成了南北文化兼而有之的南风北韵。

南通城市虽然不大，但颇有历史的韵味。尤其是濠河周边竟然簇拥着20多家博物馆，这些古典建筑中有南通博物苑、蓝印花布博物馆、珠算博物馆等。这些博物馆色调淡然，丝毫没有器宇轩昂的感觉，倒显得低调、婉约，隐约于绿树红花间宛如一幅清新的水墨画。古老而崭新的博物馆，述说着南通人对历史的珍视，对文化的尊重。同时，古老而优秀的文化，让南通人在耳濡目染中积淀了丰厚的文化底蕴，教师亦然。南师二附小那节《古诗词中的马》已让我们叹为观止！

南通对教育的重视由来已久。张謇，这位主张"实业救国""教育救国"的中国近代实业家、政治家、教育家就是江苏南通人，他一生创办了20多个企业、370多所学校，包括至今仍赫赫有名的复旦大学、同济大学、东南大学等。我国第一所师范学校——通州师范学校以及江泽民主席题词"百年通中，英才辈出"的南通中学就是由他和当时的有识之士筹划、集资而建成的，张謇的办学之举有力地促进了当时社会经济和文化的发展。

不仅如此，作为师范教育的"鼻祖"，张謇"愿成一分一毫有用之事，不愿居八命九命可耻之官"，那种崇尚简朴、高风亮节的品格也是南通教育不可多得的财富，成为南通教师富足的精神食粮。

南通还是中国近代工业的发源地之一，是中国首批对外开放的14个沿海城市之一，经济以纺织、石化、港口、机械、电子、化工、建筑等较发达。据师训中心的徐主任介绍，南通经济曾经陷入低谷，但是，今非昔比，现在的经济总量已经跃居全省第三，仅次于苏州、无锡，在全国地级市中排名前8。这是南通不甘

落后、敢立潮头的精神使然。

当然，还有学校本身的文化，或者说是内部管理文化。

许卫兵校长，貌不惊人，看似文弱，却掷地有声："只要你是学科带头人，我作为校长就可以为你组织一个专场，可以是教育思想，哪怕是教学理念也好，哪怕是教学特色也好……"

姚勇校长，秉承南通中学的百年传统，坚守学校创建时立下的校训"诚恒"——诚于做人，恒于学问。他积极营造教研兼修的育人生态，注重人品与学问同步卓越，让这所百年老校英才辈出，拥有17名特级教师和3名江苏省人民教育家培养对象。

南通师范二附小的吴和平校长把造就一支高素质的教师队伍看作校长最重要的使命，她建立机制，服务教师，成就教师，积极营造崇尚创新、追求卓越的文化氛围。她"以先进的理念引领教师，以高尚的师德塑造教师，以执着的精神激励教师……"，"天道酬勤，人道酬善"！学校成就了六位特级教师，包括李吉林老师和吴校长本人。

无论是大环境的地域历史和地域文化，还是小环境的学校文化，皆成为名家成长的沃土。

二、内因——教育名家成长与发展的必要条件

同样的土壤，同样的外部推动力，为什么有人可以成果卓著，脱颖而出？有人却发展缓慢，平庸无为？这就是内因的差异——每个人内在动机的差异。

内部动机是名家成长的第一动力。记得《人民教育》2015年第三期中，成尚荣先生在《第一动力 第一品质 第一研究》中提及的教师专业发展的第一动力就是教师的内驱力——内部动机。四天来，我们所见到的江苏省人民教育家培养对象、特级教师们在介绍自己的办学思想或教学主张的时候，无一不向我们昭示着他们自身所具有的教育激情、教育信仰、教育追求。

陈铁梅老师优雅地述说："我能在这个讲台上站多久，完全在于自己。""这才是我的舞台，这才能成为真正的我自己。""有地位，一定要有作为；有作为，才会有地位。""我竭力地展示自己的能力。25年，我从未为自己的决定后悔过。"南师二附小的吴和平校长动情地说："天道酬勤，人道酬善。""校长要唱好几首歌，第一首就是《国际歌》，从来没有救世主……你必须靠自己！""作为校长一定要用心，全心全意谋划学校的发展。""每天面对天真烂漫的孩子，我常常想的是，我应该给他们怎样的教育？"

享有江苏省第一批"人民教育家"培养对象、特级教师称誉的徐卫兵，当初

普师毕业的他说自己"经常有一种缺氧的感觉"。正是这种"缺氧的感觉"让他走出一个又一个高原。针对当时数学教学的烦琐，他提出了"简约数学"的构想，研究数学教育理论、教育哲学、美学、脑科学等理论著作，主动与《教育哲学导论》的作者石中英教授对话、求证。他不断实践，不断反思，不断产生疑问，不断迸发灵感的火花，建构了简约数学的主张，既而是简约教学的体系。如今，徐卫兵依然没有停步，而是又产生了新的思考，开展了新的研究。他对自己的定位是"永远在路上，永远奔跑"。"我不是坐在路旁鼓掌的人，我可以为别人鼓掌，我也喜欢别人为我鼓掌。""不断地推进中国教育，这才是我们的理想和目标。"

李吉林老师，因为十年"文革"被剥夺教师的权利。但惨痛的经历不仅没有把她打垮，反而让她更为执着。报告中，她多次动情地说："要把十年的光阴追回来。"在进行实验的十几年中，李吉林老师从来没有放松过对理论的学习与探究，她与各地教育名流切磋，向教育理论家请教。凡与"情境"关系密切的移情心理、暗示心理、角色心理等她都深谙于心。她还广泛地阅读哲学、美学、社会学的书籍，精心研究马克思主义关于人的全面发展的理论，人的活动与环境有机统一的哲学原理。情景教学—情景教育—情境课程—脑科学，没有人逼着她去做，而是内心的责任和热爱澎湃于胸，她就是自己的点火者，点燃追求教育真谛的火焰！

著作等身、享有盛名的李庾南老师说："我一直遗憾没有念过大学，但是我靠自己的努力登上了大学讲坛，还曾到全国20多个省市上课、讲学，而且发表论文、出版专著。人不能白活一辈子，我觉得自己的人生价值在教育这个岗位上得到了最大的实现。"如今，77岁的她依然耕耘在基础教育第一线，依然坚守在课程改革的最前沿。

无论是老一辈的教育家还是新生代的名师、特级教师，他们身上都烙下了高远的追求、执着的信念、深切的责任、高尚的境界这些人格魅力，继而铸成成长的第一动力——强大的内在动机。

如今，南通市首批遴选出的名师培养对象第一梯队的22人中已有10名特级教师，第一梯队中青年名师带动县（市）区和校级名师的良好态势已经形成。第二周期如期启动，形成了新浪引后浪、后浪推前浪的壮观景象，用王局长的话来说就是"小荷已露尖尖角"。此外，完善的全员培训也拉开序幕，初见成效。

南通，不愧为历史文化名城，不愧为培养名师的名城！

"登高而招，臂非加长也，而见者远；顺风而呼，声非加疾也，而闻者彰。

假舆马者，非立足也，而致千里；假舟楫者，非能水也，而绝江河。君子性非异也，善假于物也。"广州市政府建立了多个系列的培训，例如教育专家培养、优秀校长及卓越校长培养、卓越教导主任培养、名师培养等，制订了科学的方案，依托省内师范学院，配备了经验丰富的实践导师和学养深厚的理论导师。

能遴选为市"百千万"教育专家培养对象，是我莫大的荣耀，让我有更多的机会参加高端培训，有更多的机会走进大师，有更多的机会与优秀的同伴分享。当然，更为重要的是转化，将正能量转化为行动力，促进学校发展，让教师和学生因我而获益。

"万事俱备，只欠东风"，"虽不能至，心向往之"，无须顾虑能否成为教育家，也从没企望能成为教育家，但是我一定会沿着李吉林老师的路径"学—思—行—著"，追求高尚的精神境界，享受幸福的教育人生。

2015 年 4 月

后　记

　　教育是一个梦，而教育工作者的人生，则是一场心性逐渐澄澈、心境日益透明的修行。

　　不知不觉之间，四十多年的岁月，已如东逝之水，倏忽而过。回眸之处，生命的沙滩上一行行深深浅浅的行迹，一点点斑斑驳驳的心迹，让人感慨万千，流连不去，就像被岁月的潮水冲落到岸边的珠贝，虽然细碎，但五彩斑斓，于我个人而言，始终闪烁着五彩的光芒。往日无法重现，我只能，用文字去记录、用文字去捡拾，一路走，一路记；一路走，一路拣；未来纷至沓来，我还将用文字去记录、用文字去捡拾，一路走，一路记；一路走，一路拣。

　　记录和捡拾的日子长了，我变得那么富有，我成了记忆的拥有者、往事的拥有者、美好的拥有者。正是这些文字，记录了我生命中一次又一次的遇见；正是这些文字，让纯真的心灵呈现，让美丽的感受葱郁。

　　感谢……

　　感谢教育于千万人之中选择了我！

　　感谢生命中所有的遇见！

作者

2015 年 8 月